日記で読む日本史13

倉本一宏 監修

日記に魅入られた人々

王朝貴族と中世公家

松薗 斉 著

臨川書店

目次

はじめに（お断わり）

この本をあまり真面目に読まないでください。この本で専門的に古代・中世の日記を勉強しようと思われる方の期待には決して応えられません。この「日記で読む日本史」のシリーズの一巻に収められていますが、結構ウソ八百ならべています。真面目に勉強したい方は本シリーズにラインナップされた、他の方々の立派な本をぜひ購入してください。私が言うのも何ですが、最新の成果が盛り込まれとても勉強になります。

私自身、大学の文学部の日本史研究室で昔の人々の日記を読み始めて（もっぱら卒論で切羽詰まってのことなのですが）、以来、すでに四〇年近くになりますが、いまだにわからないことだらけです。ただとても面白いので（大体よそ様の日記を読むのは楽しいものです）、ずっといまだに読み続けています。最初は、この本の第五章で取り扱った貞成親王の『看聞日記』からスタートして、室町・戦国期の日記を読んでいたのですが、不勉強なことと、すでにくたびれているこの時代の公家の日記では、私が関心をもっていた天皇や朝廷、王朝貴族（公家）のことはわからないと思い、体調を崩して療養を強いられたことを機に、一旦ほっぽりだして、ちょっと元気が出た頃から一気にさかのぼって院政期の、そうここで最初に取り上げた藤原宗忠の『中右記』を読み始めて、彼らの記す日記の意味が少しわかり、かつその面白さにますます魅かれていきました。

私自身の研究テーマとしては、彼らの日記（やそれを記す行為）が個人的な営みではなく、どのような社会の中で生み出されてくるのか、それを構造的にとらえることを目標として、できる限り日記を書く人間の個性の面は捨象してきましたが、その研究過程の中でこぼれ落ちた彼ら彼女らの「人間」の部分が、結構自分の中に澱のようにたまってしまい、そろそろ吐き出しとかないと消化不良を起こしそうな気がしてきたので、今回この機会に出しておくことにしました。

そういうものなので、これまで日記を読みながら脳裏をよぎったさまざまな妄想がこの本のいたるところにこぼれ落ちています。中には意外と当たっていると思っていただけるものもあるかもしれませんが、とんでもないと一笑に付されるものの方が大多数かと思います。その場合は参考文献に並んでいるきちんとした研究書・論文（私のものは除きます）を読んで、妄想を一掃してください。

特に専門の研究者でたまたま運悪くこの本を手に取ってしまった方、たぶん日記の記事の現代語訳のところで「えっ」と思うことがままあると思います。ぜひ原文と見比べて、なんでこんな訳になったのかご検討ください。世にいう翻訳の難しさということが実感され、それがこの本の唯一役に立つ利用法なのかもしれません。

もう一つ役に立つかもしれない点は、何となく読んでいると中世の始まりの頃から、終わりの織田信長が登場する時代まで、ぼおっとその歴史、特に天皇や朝廷のたどっていた歴史がそれこそ何となくわかることかと思います。私自身、平安時代にもどって彼らの日記から読み始めて、いつの間にか、スタートの『看聞日記』を通り過ごして、戦国末まで読んでいってしまいました。その間に何となく感じたのは、いつの時代も一生懸命生きていた人々がいて、面白い人物がたくさん蠢《うごめ》いていたということです。そこには自分たちが属する階層がすでに長い黄昏時にある時も、決してあきらめず前向きに、押し寄せる時代の波に順応しながらたくましく生きていた人々がいたことも興味をひかれるところでした。それを少しでも感じていただければ、この本を書いてしまった責任が少しだけ免除されるような気がします。

また、ここに取り上げられた藤原宗忠以下の人々に謝っておきたいのは、その人たちのある一面、私が感じたある印象、特に彼らの残した日記だけを通して感じたことをデフォルメして書いたもので、決してその全人格をとらえたものではないということです。それぞれの人々に立派な伝記がすでに記されています。もっとちゃんと知りたい方はそちらをご参照ください。

彼らの日記を読み返せば、また別な人物像が現れてくると思います。今回、いくつかの日記を読み返してみて、まだまだ彼らが隠していることが随分ありそうに感じました。古代・中世の貴族（公家）たちは日記に本当に事実のみを記したのか、そんな疑惑を感じることもあります。したたかな彼らのこと、まだまだ読みが浅いと笑っているような気がします。ぜひとも皆さんがここに書かれた以外の彼らの顔を見つけてみてください。

最後にお詫び。やんごとなき帝や宮様、高位の貴族の方々を「さん」や「くん」付けで気安く呼んでしまいました。お友だちでもないのに失礼いたしました。怒られる前にお詫び申し上げておきます。

それでも読んでみたい方、どうぞページをおめくりください。

第一章　人生を仕上げた男 ―藤原宗忠『中右記』―

一　日記の終わり

日本の古代・中世にはたくさんの日記が残されているが、書いた日記がそのまま全部現存しているという例は聞いたことがない。三〇年以上記し続けた人はざらにいるが、残念ながら時間の流れの中で、火災や戦災、貸し出されて返ってこなかったり、死後家族に売られてしまい転々とするうちに失われてしまったり、といろいろな要因で、日記の途中欠け落ちるのはまだよい方で、すべてが消滅し、日記が存在したことだけがかろうじて知られるという場合の方が、むしろ多いくらいである。

またその記主が、いつ日記を始めたのか、またいつその筆を擱いたのかも、なかなか難しい質問である。擱筆の時はある日、本人が意識しないまま突然訪れることが多いのであろう。

一一世紀の終わりに摂関を務めた藤原師通という貴族、道長のひ孫にあたる人であるが、その日記を読んでいると、康和元（一〇九九）年六月一七日の次のような記事で突然終わっている。

「晴、未時許夕立降雨、底面滂海、諸国物所レ進二所々一、興福寺講堂作料所レ送也」

（晴れ、未の刻頃に夕立があり雨が降った。地面は海のようである。諸国からの貢進物を各所に送った。興福

寺の講堂の建設費も送った）

当時、関白内大臣の地位にあった師通は、いつものように日記に天候のことを書き、諸国からの税が届いたこと、彼が氏の長者を務め、その管理下にある興福寺の講堂の修理費を送ったことを記して、日記が終わっている。

この日記が写本のためであろうか、後の部分に校訂者が、一七日条の後に一八日から月末の三〇日までの日記はない、と記しているので、単純に日記を記さなかったのか、もしくは何らかの理由で失われてしまったのかと思ってしまうが、実はこの月の二八日に師通は亡くなってしまっているのである。三八歳の若さであり、日記にはこの頃自身の病気のことはほとんど記しておらず、二五日に病気によって関白内大臣を上表しそのまま亡くなってしまっているので、本当に突然の死であったらしい。師通の文机の上には、終わりかけた具注暦が再び主によって開かれないまま残されていたに違いない。

この師通とほぼ同時代の貴族でやはり大部の日記を記していた源師時の場合も、保延二（一一三六）年の日記を開いていくと、二月九日の鳥羽院の皇女の百日《ももか》定めの記事で突然終わっている。やはり写本で伝存しているので、以降は失われてしまったのかと思い調べてみると、師時はその二か月後の四月六日出家しそのまま亡くなってしまっているのである。彼はもう少し具注暦に記し続けたと思われ、また九日以前にも自身の体調の悪いことなど記していたと推測されるが、この時代の日記は写される際に、日常のありふれた記事、儀式作法に関係のない記事は省かれてしまうことが多いので、感じていたかもしれない死の予感は日記の紙面に残されないまま終わっているのである。

この師通や師時のような場合は多かったと思われる。そんな中で、きっちりと自身の日記の終わりを自身でつけた人々もいる。そのような行為自体が、当時の貴族と日記との特別な関係を物語っているので紹介しておきたい。

二　出家したら日記を止めますか？

先ほど触れた藤原師通や源師時と同時代を生きた貴族に藤原宗忠という人物がいる。一二世紀に入って、院政という政治形態が生まれつつあった頃に生きた上級貴族であり、長生きしたこともあって右大臣にまで昇った。摂関家の師通の一族であり、やはり道長から四代目の子孫にあたる。彼は、中御門右大臣と後の人々から呼ばれたので、彼の日記は中御門右大臣の日記の中と右と日記の記をとって『中右記』と名付けられた。もう一時代前、藤原道長の時代の基本史料として有名な『小右記』も、記主の藤原実資の別名、小野宮右大臣から同様に小と右、そして日記の記をとって呼ばれたもので、この時代の日記の命名法としては一般的な方であろう。

図1　藤原宗忠像「天子摂関御影」（宮内庁三の丸尚蔵館蔵）

宗忠の『中右記』はその始まりと終わりがわかる珍しい日記である。『中右記』の自筆原本は残っていないが、幸い写本で残されている日記の最後の部分に次のように記されている。

「入道聖人を請じて受戒す、世事今より心長く断じ、日記せざるなり」（原漢文）

彼は、この保延四（一一三八）年二月二九日条の三日前に七七歳で出家を遂げたこと、一七歳の時から朝廷に出仕して、六〇年間奉公し、従一位右大臣にまで昇ったことを記している。彼は、最後に出家によって世事（世俗のこと）に対する関心を捨て、その事を記してきた日記の筆を擱くと言っているのであろう。全部ではないが、かなり大部で残されている彼の日記を頭からずっと読んできた者にとっては、ここにたどりついた時、何とも言えぬ感動を感じるところである。

一方、現存の彼の日記は、寛治元（一〇八七）年正月一日条から始まる。彼自身もこの日を日記のスタートとして見なしていたことは、保安元（一一二〇）年に、彼が一六〇巻にもなった自らの日記を子孫、特に嫡男と見なしていた宗能に参照させるために、家人らを動員してすべて清書し、さらに部類化する作業を終えた際に、寛治元年から保安元年までの三四年分を対象としたと記していることからわかる（六月一七日条）。さらに現存する寛治五年の日記の奥書には、これ以前の日記が、年少の頃に記したため大変ひどい状態にあるので、家人に任せず息子の宗能と二人で清書したと記している。

寛治元年は、宗忠二六歳。当時の上級貴族たちは、一〇代前半で元服、叙爵《じょしゃく》（従五位下の位階に叙される）して朝廷での出仕を始め、早いとその頃から日記を記し始める者もいるから、少し遅いように思われる。実際、宗忠が叙爵したのは、承保元（一〇七四）年、一三歳の時で、翌年侍従に任じられ、二二歳で右近衛少将に任ぜられているから、寛治元年以前にも日記を記し始めていた可能性がある。ただ、後に公卿（保安元年段階で権中納言）に達し、一度人生を振り返った際、寛治元年がそのスタートと思ったのであろう。実際、彼は寛治二年に中将に進まないまま少将を辞しており、上級貴族の子弟としては方向転換を期したようである。すでに結婚して子どもも生まれているが、「このままではいけない」と思ったらしい。道長の子孫（御堂流と呼ばれる）というブランド、かつ曽祖父も祖父も大臣まで昇ったという血筋の良さだけでは将来が期待できない、と宗忠に思わせた何かがあったようである。

日記を読むと自ずと知られるのであるが、宗忠は、大変真面目で誠実な人物、かつ勉強家である。父方から音楽の伝統を、母方からは漢詩文の薫陶を受け継ぎ、熱心に公事に参加して研鑽を積んだ。父方の叔母が、前述の摂関家の師通の正室となり、継嗣の忠実を生んでいるという幸運もあったが、嘉保元年、三三歳の時、その真面目な性格を生かせる弁官の職を得たのが、彼のその後を生み出す転機となった。侍従として天皇の近くに侍しながら、太政官の事務部門である弁官として実務能力を評価され、三七歳とやや遅くはあったが、蔵人頭《くろうどのとう》に抜擢され、公卿への道を確保した。

蔵人頭は、天皇の秘書室長的なポストであり、蔵人たちを指揮して内廷を管理するとともに、上皇や摂関などとの重要事項の連絡役であり、能力がないと勤まらない職であった。二人置かれるが、当時、一人は近衛府の中将の中から（頭中将《とうのちゅうじょう》と呼ばれる）、一人は弁官の中弁クラスから選ばれ（頭弁《とうのべん》と呼ばれる）、前者はどちらかというと毛並みのいい上級貴族の子弟が（ただし摂関家の子弟は経歴せず飛び越えていってしまう）、後者は、家柄は劣るが、弁官という実務能力を要求される現場で、たたき上げで昇ってきた者たちが選ばれる。宗忠にもまだ前者の道も残されていたと思うが、競争の激しい前者より、時間はかかりそうだが、あえて着実な後者の道を選んだところが彼らしいといえよう。その道に踏み出そうとしていた彼が最初に刻んだ一歩が、寛治元年の日記であったのだと思う。

そして気づいたら五〇年という歳月が過ぎ去り、七〇歳になってたどりついた大臣の職を辞して出家、それを機に日記を止めるという訳である。父宗俊が亡くなった五二歳くらいで宗忠も亡くなっていたら、権中納言止まりで、父の大納言にも及ばなかったはずであるから、長寿の賜物といえようが、この時代、左・右・内、一人ずつの大臣に昇るのはやはり実力が備わっていなければ達しえるものではない。最期の日記を記しながら、「長い人生、実にいろいろなことがあったなあ」と思い起こされたであろう。

彼の人生の中で遭遇した最も大きな悲しみは、敬愛する堀河天皇が崩じた時、それに七〇歳の時に、四男の宗重が何者かに河原で殺害されるという事件が起きた時であろう。ピンチ、と思ったのは、宗忠の従兄弟であり、摂関家の当主として仕えていた忠実が、白河上皇と対立し関白を罷免された保安元（一一二〇）年あたりではないだろうか。彼の生きた時代は、都の外では騒がしくなりつつあったが、まだ道長の時代の余韻が残る、比較的平和な時代であった。「家」の後継者もしっかりと育っており、日記が書き継がれていくことが確かになっていたからこそ、静かに筆を擱くことが可能であったのである。

ところで、この出家を機に日記を止めるという意識は、宗忠だけではなく、この時代の貴族たちの共通認識だったようである。実際、残存しているものに限るが、天皇・貴族の日記が残されるようになった一〇世紀頃から以後、この頃に至るまで、道長以外は出家以後日記を記していた者はいないようなのである。道長の日記（『御堂関白記』）は、この時期ほとんど唯一と言ってよいほど、具注暦に記された自筆原本がまとまって残された例であり、たまたま残された出家後の具注暦に日記らしきものが記されているという程度である。この時代、出家したら世事から離れ、日記も閉じるという意識は特別なものではなかったと思われる。

しかし、一三世紀に入る頃から、出家しても日記を止めずに記し続ける者が現れるようになる。『兵範記』という日記の記主平信範（一一七七年に出家、日記は一一八四年まで残る）、『玉葉』を残した藤原兼実（一二〇二年に出家、日記は翌年まで記される）などが早い方の事例であり、本書第三章で登場する藤原定家の場合も、貞永二（一二三三）年に出家しながら、日記は仁治二（一二四一）年あたりまで記されたらしい。出家後の定家の日記『明月記』を開くと、天候ばかりで日記に何も書くことがないと、今日は「世事」を聞いていない、と記している箇所があり、出家後も「世事」から離れられなかったことがわかり面白い。特に子息の為家が訪れて語ってくれたり、手紙で連絡してくれる朝廷のいろいろな話を心待ちにしているようで、定家の出家後の日記は「世事」によって埋められているのである。

出家しても日記を止めない記主は一三世紀以後増加していき、中世後期にはほとんどがそういう状態になってしまうが、一四世紀頃までは、出家をもって日記を止めるという意識は残っていた可能性がある。

鎌倉末期から南北朝期の前半に生きた洞院公賢という、やはり大臣まで昇った貴族は、「愚老今年六十九、俗塵を遁るるの間、記録尤も止むべきなり」、つまり六九歳になって出家したので日記を止めるべきであると記している（『園太暦』延文四年一二月巻末）。しかし、彼の場合その文言に続けて、自分はそれなのに出家後も仕方なく日記を続けていると記し、その理由として、息子の実夏がちゃんと日記を記しておらず、言ってもなかなか態度を改めないからなのだ、と愚痴っている。

一二世紀あたりから、日記を記すことは、貴族たちの「家」の機能の一つとして位置づけられていったようである。そして代々書き続けてきた日記を多く所有する「家」ほど、先例を多く保持する「家」として、貴族社会で重視されるようになっていた。貴族たちが貴族としての地位を保持するためには、その「家」に獲得された官職を代々世襲できなければならず、その職務上に必要な情報（先例など）や知識を「家」内部に保って、その職務に堪えられる「家」であることをアピールしなければならない。貴族の「家」では、跡取りは日記を記さなければならず、「家」に伝わる父祖の日記もよく読んで消化して、いつでもそのデータを職場で提供できなければならないのである。実夏の日記といわれるものが断片的ながら今日伝わっているのであるが、儀式作法の大家として知られ、大部かつ詳細な日記を残した父親を安心させるレベルではなかったのであろう。

中世に入ると、朝廷の官職から身を引いても、「家」の長としてその管理・運営に努めなければならない。「家」の日記の維持管理もその大事な仕事の一つであり、出家しても「世事」から離れられない所以である。

三　王朝貴族もブランドに弱い？

何か悪いこと、まちがったことをした訳ではないのに、どういう訳か微妙な立場に立たされて、ひどく困惑してしまうことが、人生の中には一度ならずある。

元永二（一一一九）年の七月から九月にかけて、藤原宗忠はまさにそのような状況にあった。事の起こりは、その五年程前にさかのぼる。当時、息子の宗成が因幡守に任じられ、受領としての収入が期待できたため、ついつい気が大きくなったのであろう。小野宮流藤原氏の顕仲から、その相伝する日記四〇巻ほどを材木二百余本と馬具である連着《れんちゃく》平《ひらしり》鞦《がい》一つで購入したのである（それがどれくらいの価値なのかはよくわからない、高値であったことは確かであろう）。

曽祖父頼宗以来の代々の日記を受け継いでいた宗忠であったが、「家」の日記を充実させるため、儀式・故実の大家として知られた小野宮右大臣の実資の子孫に伝わる日記をどうしても欲しかったようなのである。また、貴族として出仕し始めた二男の宗成のために、公事に必要な日記を揃えておこうという親心もあったようである。

小野宮流の日記は、当時の貴族社会においては、まさにブランドであった。宗忠のような公事に関心のある貴族ならば、何とか入手したい、でなければ書写だけでもさせてもらいたいと思わせる日記だったのである。

それでは、そのような大事な日記を、顕仲という人物は何故手放すことにしたのだろうか。その理由の一つとして、すでに小野宮流は、公卿の「家」としては斜陽化が進んでいたことがあげられる。一一世紀の前半までは、右大臣実資を筆頭に、公卿に何人も名前を連ねていた一族も、道長の摂関家の一門に押されて、すでにこの顕仲の頃には公卿は一人もいなかったのである。顕仲の兄顕実が只一人孤塁を守っていたが、もう一〇年近く前にこの世を去っており、顕実の子資信が公卿に上がってくるのは、まだ三〇年も後のことなのである。そして、資信はこの一門最後の公卿となり、小野宮流はその儀式の流派としての名前だけが残り、公卿の「家」としては姿を消してしまうことになる。

この顕仲は、この頃五〇代半ばに達していたが、いまだ四位止まりで、兵衛佐というまあまあの官職もすでに辞して前官の肩書となっていた。公卿の「家」である小野宮流において伝来してきた日記は、基本的に公卿として公事の上卿《しょうけい》（儀式を監督する指揮者のような存在）を務める者にしか役立たないツールである。顕仲にその資格はなく、またこれからたどりつく望みもなかった。つまり、すでに宝の持ち腐れ状態だったのである。ならば、高値で買ってくれる者に売り払って老後の蓄えに、と考えるのもむべなるかなである。

欲しかったものを手に入れて喜んだ宗忠であったが、小野宮流の日記に目をつけていたのは、当然宗忠だけではなかった。すでに院政という新しい政治形態のトップとして権力を掌握しつつあった白河法皇も、天皇家の儀式作法を確立するために、諸家の日記を収集し研究していたのであった。そこに当時権中納言の宗忠が、小野宮流の日記を入手したらしいとの噂を聞きつけたのである。

永久二（一一一四）年三月二九日、宗忠が白河院の御所に仕事で出向いた際に院からお言葉があった。

「お前が前兵衛佐顕仲の所持していた日記を材木と交換したことをたしかに聞いたぞ。ならば、朕も見たいので早く持って来なさい」

時の権力者の要求に承諾するほかなく、内心、次のようにつぶやいたであろう。

「一体誰が院の耳に入れたんだ。まったくもって迷惑千万」

しかし、真面目な彼は気を取り直して、「このように天皇（上皇）が日記をお召しになられた際、出し惜しみする連中がいるがつまらないやつらだ。でも私は違う」と、その日のうちに全部進覧した。まさに誠実な人宗忠であった。

翌日、世間に出回っていて、それ程珍しくない日記三五巻は返却され、残りの六巻ほど（『小野宮秘記』と宗忠は表現している）はじっくり見たいからと御所にとどめ置かれた。それらが戻ってきたのは、四月一四日のことで、やれやれと胸をなでおろした宗忠であったが…。

元永二（一一一九）年七月二五日、叔父（といっても宗忠より年下なのであるが）の宗通から連絡があった。前述の顕仲が、院に「昨年必要なことがあって後小野宮（実資のこと）の家記を宗忠様にお譲りいたしました。その日記をご覧ください」と申し上げたので、院もその気になって、近臣の藤原家保を通じて宗忠に献上するようにと命令があったというのである。やはり院の近臣で権大納言民部卿にまで昇っているこの宗通は、叔父・甥という関係のみならず、宗忠が近い摂関家とも親しい公卿で、院の意向を量るためにも頼りになる存在であった。彼は、院の意向をそのまま伝えてきただけではなく、同時にこの件については対応に注意するように、という指示もこっそりしたに違いない。

びっくりした宗忠はあわてて宗通に返事を送った。

「その日記は、先年たしかに高階経敏というものを通じて子息の宗成のために入手しました。中身は、西宮記・北山抄・九条記といった儀式書に、日記をダイジェストして作成した記録六巻からなるものですが、その際に上皇さまのお耳に入り、すでにお目にかけているものです」

翌日あわてて院の御所に持ち込んだ宗忠は弁明したが、院の答えはよく覚えていらっしゃらないというもの。そこで日記に目を通していただき、やっと得たお答えは、

「去年顕仲が渡したというのは誤りである。往年のことだったね」

そこで、宗忠は念を押す。

「仰せのごとく往年でございます。そしてこの日記は後小野宮実資の日記ではございません」

院も「わかった」との仰せ。その後、宗通が宗忠のもとに心配してやってきたので、このやりとりを話してこの日は終わった。

翌日、まだまだ不安だった宗忠は、再び院のもとに参じ、次のように申し上げた。

「顕仲が私に小野宮の日記を譲ったと申したことには甚だしい誤解があります。このままでは残念ですので、よくよくお調べになってご判断ください。私が以前から収集した日記をまとめたものの中に、小野宮流の人々の日記がいくらか入っております。もしご興味がおありなら持参してお目にかけましょう」

どうも宗忠は、自分が入手した日記は、小野宮流の顕仲が所持していたものだけれども、その中には小野宮流の人々（実資など）の日記は入っていなかったという点を確認したかったようである。しかし、この弁明は逆に院の気分を損ねたようである。院は次のようにお答えになった。

「老人である（出家もしている）私が、いろいろな日記を見て回ること（原文では「逍遥」という表現が使われている）は大変見苦しいことである。そのことはあえて必要ない」

この仰せに宗忠は、院の疑いが晴れていないことを改めて実感し、不安は募るばかりであった。そして案の上その不安は的中した。

八月一二日、今度は関白の忠実から、「院はどうも問題の日記をお前が隠しているとお考えだぞ」との連絡を受け、すでに確認をとっていた顕仲からの返事を院に持参し、前述の近臣家保に見せた。そして院の意志が確認できないまま、宗忠はその一〇日後に顕仲から購入した問題の日記をすべて送り返した。ところが持って行かせた使いが戻らないうちに、当の顕仲が宗忠を訪れ、私は神に誓って院にそのようなことを申し上げていないし、日記もお返しいただく必要はないと弁解した。その後、顕仲は不在であったと使いが日記を持ち帰ってきたものの、翌日宗忠は再び日記を顕仲のもとに送り返している。

さらに次の日、顕仲から手紙があった。

「今となっては仕方がないのでお預かりしましょう。ただお譲りした際、目録が付してあったはずなので、それも一緒にお返しください」

そこで目録を探し出して返送したところ、三日後にまた手紙。

「今回返していただいた日記は四一巻ですが、先年経敏に渡したのは四九巻です。故師年中行事（顕仲の父で大宰権帥であった資仲が作成した儀式書らしい）八巻が含まれておりませんがどうしたことでしょうか」

びっくりした宗忠は経敏に確認をとる。すると経敏、年中行事二巻を送ってきて、「そういえば、これを先年顕仲から借りておりました。まだ二、三巻手元にございますよ。そういえば、この巻子の軸には「小野」とか書いてございましたなあ」という。

おいおい、何てことしてくれたんだ、というのは宗忠の心の声。あわててそれを持って院に駆け付ける。事情を説明申し上げたところ、この日記の件についてはもうこれまでとする、と仰せられ、日記も戻されてきた。果たして院の勘気は解けたのか、宗忠の疑心暗鬼はますます深まるばかりであった。

この一件、実は、顕仲には日記の代金として木材だけ支払われ、馬具は受け取ってなかったとか、経敏のいい加減さが明らかになり、ごちゃごちゃと続くのだが、結局、宗忠は経敏の許にあった分もすべて顕仲に返させ、さらに材木も返却無用と顕仲に言い送って幕を下ろした。これ以上続けても、そのことが院の耳に入ってますます心証を害されても損だという判断であろう。本当に骨折り損のくたびれもうけであり、いつもは慎重な宗忠もブランドものには気をつけようと心から思ったに違いない。

四　老人日記

昔々、私が今の大学に赴任した頃、同じ学科の老先生方が雑談で病院や薬の話をしていらっしゃるのを聞き、なんか辛気臭いなあ（すみません）と思っていたのだが、今は自分がそんな話をしていることに愕然とする。もっと昔、大学院生の頃、先生が眼鏡をはずして辞書に顔がつくばかりに近づけて読まれているのを見て、変なことされるなあ、と思った私であるが、今同じことを学生たちの前でやっている。歴史は繰り返す、とそんな大それたことではなく、年を取らないとわからないことが多い、というのでもなく、やっぱり年取ったというだけなのであるが。

宗忠は、前述したように七七歳の出家の時まで日記を書き続けており、幸い七〇歳以後の日記も残っている。この『中右記』を最初に読んだのは大学院修士課程の二年生の時、修論の作成のためであったが、その後何度か読み直してきた。読み返すたびに新しい発見があり、優れた日記という評価は今も変わらないが、若い時には、宗忠の七〇歳以後の日記の、明らかに枯れてきているその記事は、あまり面白いものと感じなかった。しかし、近年読み返してみると、晩年の淡々とした筆致で記される彼の老いの痕跡が身につまされて、その面白さがわかった、というよりはわからされて、いささかショックであった。

日記では、大治二（一一二七）年、宗忠六六歳の頃から「老屈」という表現を自身に用いるようになり、現にこの年の初めに権大納言の地位を去って左中将であった長男宗能を参議に任じて欲しいと願い出た際、その辞表の中で、「飲水之病」（糖尿病か）がひどく「老耄《ろうもう》」も日々進んでいることを訴えている。

現代の我々でもそうであるが、老化は目や足（それに歯や腰）からやってくる。宗忠も同じで、彼が行幸・御幸の供奉などに際しての騎馬を免じられたことをひどく喜んでいるのも、足腰の衰えを強く実感していたからであろう。ただし、騎馬が苦手だったのは、老人となってからの話というわけではなく、若い時からだったらしい。これは他の貴族も同様で、落馬して大けがをしたり、時に死に至る場合もあったから、できれば勘弁してもらいたかったのである。

この時代、大きな儀式や政務は夜に行われることが多く、照明が暗い当時、書類などに目を通すのは本当に大変だったようである。宗忠も、例えば大治二年正月一八日に行われた除目《じもく》（朝廷の人事を決める政務）の際には、提出されてきた申文《もうしぶみ》を読もうとするのだが、灯火が遠くて暗いので見づらく、結局、眼を通した振りをして次席の公卿に渡したということを書いている。この六年後の七二歳、内大臣として元日節会の内弁を務める宗忠は、老齢で目が悪いので、笏紙《しゃくし》（手に持つ笏に張った儀式次第のメモ）を見るために女官に灯をかかげさせなければ、公事の遂行がままならなかった。

京都の蒸し暑い夏向きに造られている寝殿造の彼らの職場は、冬は肉体的に大変きついはずである。吹きさらしの講堂のような場所に、夜間、それも長時間座ったままの天皇以下公卿・官人たちは大変ハードであったろう。おまけに大事な行事は、正月や一一月に集中している。宗忠は、一一月に行われる新嘗祭《にいなめさい》の上卿を勤めることになったが、七十歳の老人の上、風邪も引いているというのに、極寒の時期の夜を徹してのこの役はとてもがまんできない、と弱音を吐いている。結局、何度も頼まれて仕方なく老体に鞭打っての出仕となったのであるが、当時の儀式では、設営ができていない、参加者が揃っていない、女官が遅刻するなどなどトラブルがつきものであり、そうなると解決されるまで長時間現場で待たされることになる。一二月の月次祭《つきなみさい》の時は、寒風吹きすさぶ中で待っても待っても始まらないし、おまけに五町（約五〇〇メートル）ほど歩かなければならないのは老人には堪えがたく、「もう力尽きた、死にそうだ」と日記に書き込んでいる。

年を取ると記憶力は衰え、注意力は散漫となり、思ってもみないミスを生じるのは昔も今も一緒である。大治五年、今まで幾度となく行ってきた除目の場においてミスを犯してしまい、それを後でこっそり若い公卿に指摘されて、「今夜神心屈するの上、老耄の致すところなり」と弁解を日記に記さなければならなかった。また、年中行事の中には、建物の外で行なうものがあり、射場始《いばはじめ》や各種の拝礼、行幸や御幸の供奉などは高齢になってからはなるべく控えたい公務だったようである。老齢の大臣などには、牛車宣旨《ぎっしゃせんじ》などが出され、内裏内に牛車を乗り入れることを許されるなど優遇措置があり、前述のように騎馬による行幸や御幸の供奉を免除される場合もあった。

ちなみに、日記の記主として知られる貴族で最高齢は、『小右記』の記主藤原実資で、永承元（一〇四六）年正月に九〇歳で死去するまで現役であった。最後の右大臣の地位には、治安元（一〇二一）年以来二四年間在任し、亡くなる数年前までは日記を記していた可能性が高い。彼が叙爵《じょしゃく》と共に出仕を始めたのは、冷泉天皇の安和二（九六九）年の時であり、以来八代の天皇に仕えたのだからすごい。

次は、『水左記《すいさき》』という日記を残した村上源氏の俊房であろうか。保安二（一一二一）年一一月に八七歳で亡くなるが、その年の正月まで左大臣の地位にあった。日記は、七八歳の頃までの分が残されており、左大臣となったのは永保三（一〇八三）年の四九歳の時。三〇年近く公卿筆頭の左大臣一上《いちのかみ》の地位にあった。俊房は寛徳二（一〇四五）年頃元服して出仕を始めているので、幼い頃老右大臣実資の姿をどこかで見かけたかもしれない。

実資の孫にあたる藤原資房の日記『春記』には、八四歳の祖父が正月の叙位や除目の執筆《しゅひつ》として参仕する様子を書き留めており、「老耄」甚だしく「失礼」が多いのだから、もう引退したら、と少々不躾なことを書いている。しかし、一方で同じ年の冬、寒風吹きすさぶ中、参内してきた祖父に「老屈の気色」なく、滞りなく京官除目の執筆を勤めたことに驚いている。まさに老人パワーである。

さて、宗忠に話をもどそう。

彼の晩年の日記の特徴の一つに、夢を書きとめた記事が増えていくことがある。これには自身で見た夢も他人が見た夢も両方含まれる。現存の『中右記』には一七〇弱ほど夢の記事が確認できるが、三六パーセントが大治五年以降の八年間（日記は七年間分残る、残存日記の分量の二〇パーセントほど）に記されている。

法華経や観音菩薩・地蔵菩薩など、仏経や信仰に関わる夢が多いのは、老人らしいといえようが、遠い先祖の日記を読む夢や、大嘗会や除目などの公事の夢も書き留めており、いまだ世事にも関心が強かったことが知られる。そして、宗忠が四六歳の時に二九歳で崩じた堀河天皇の夢を再び見るようになることも興味深い。

堀河天皇は、宗忠を蔵人頭に抜擢し、公卿昇進への道を開いてくれた恩人であるとともに、この音楽に堪能で文事にも秀でた天皇には、神楽などの音楽に通じ詩文に才能があった宗忠にとって、本当に心から仕えることができたようである。二〇歳近く年の離れた二人であるが、天皇を敬慕する宗忠には、単なる主従関係以上の熱い思いが感じられる。嘉承二（一一〇七）年七月のあまりに早すぎる天皇の死が宗忠に与えたショックは測り知れないものであったろう。その年と翌年にかけて、彼は堀河天皇の夢をいく度となく見ている。ただし、同じ思いを持っていた近臣は彼以外にも多かったようで、宗忠はそういった同僚たちの見た夢も日記に書き留めている。

宗忠が晩年になって再び堀河天皇の夢をしばしば見るようになったのは何故であろうか。懐旧の念だけであろうか。七〇歳を越えた宗忠が夢に見る堀河天皇はいまだ二〇代の姿である。

彼はずっと堀河天皇に恋をしていたのかもしれない。

コラム1　儀式への眼差し

貴族の日記を開くと、儀式化した政務や年中・臨時の行事の記事が満載で、現代人の私たちが読むと大変退屈で、かつ苦痛である。

例えば、除目《じもく》とよばれる朝廷における人事異動の決定の政務の場合、春正月に行われる主要なそれは三日間にわたって行われ、天皇・関白の前で決定された人物を任ずべき官職のリストに書き込んでいく執筆《しゅひつ》という役は、書き込む作法にも大間《おおま》とよばれるリストの書き方にも大変煩瑣な故実を伴なっており、それをすべて習得していなければ務められない重い役であり、大体公卿の筆頭である左大臣（一上という）が担当し、病気や障りがある時は、次席の大臣が務めることになっていた。

平安末期の藤原兼実の日記『玉葉』には、彼が摂関家の一員として長らく右大臣の地位にあったため、自身が執筆を務めた際の除目を含め、多くの除目の記事を載せているが、彼が初めて務めた安元二年（兼実二八歳）のそれなど、三日分が現在私たちがよく使うテキストである宮内庁書陵部編の図書寮叢刊の『玉葉』の三三ページから六七ページにまでわたっており、研究者仲間でやっている輪読会などでこのような箇所が当たると、目の前が真っ暗になり、予習に大汗掻くことになるのである。

除目だけではなく、特に正月の日記には、同様の政務である叙位（これは一日で終わる）に節会（元日・踏歌・白馬《あおうま》と三回もある）などの大きな儀式が集中しており、貴族の日記はまさにそのような重要な儀式の記録を主眼として作成されているために、今日残された日記もそのような部分を中心に気合を入れて記しているから仕方がないのであるが、もし初めて貴族の日記を読もうという方がいらっしゃったら、正月から残っているからといってそこから読み始めるのはやめた方がよいかもしれない。山に登り始めて即難所、というのは危険極まりないからである。また、私も含め皆さんの中で、元旦に今年こそ日記をつけようと決心し、結局三日坊主で終わったという方が結構いらっしゃるのではないかと思うが、当時の貴族の中にも、今年はちゃんと日記をつけるぞと決心しながら、正月のヘヴィな儀式の連続にあえなく挫折という者が結構多かったのではないかと勘ぐっている。

儀式の記事がなぜ退屈なのか。理由は簡単である。

たとえば、クラシック・バレエのコンサートについて、上演された『白鳥の湖』のストーリーや全体の出来の講評のようなものではなく、そこで行われた演技をすべて文章化したものを読まされたとしたらどうであろう。第二幕の四羽の白鳥の踊りで、アントルシャの、右から二番目のバレリーナの足の高さが少し低いとか、第三幕オディールと王子のグラン・パ・ド・ドゥで、オディールのグラン・フェッテが一回足りないとか（ありえないか）とか何とか。オペラでもいい。プッチーニの『トゥーランドット』の第三幕でカラフが歌うアリア「誰も寝てはならぬ」のハイCがかすれてファルセットになってしまったとか（これはよくある）、『蝶々夫人』で蝶々さんが着物の裾を踏んづけてその拍子にカツラが飛んでしまったとか（ありそう）、こんな失敗やミスの記録はたしかに面白そうであるが、バックのオーケストラのホルンがコーダのところで「落ちた」とか、コーラスの場面でのリピートを省略したとかになると、実際に上演に関わっている人にとっては自分の場合の注意ポイントになったりして参考になるかもしれないが、そうでない者にとっては退屈どころか何のことかよくわからないということになる。

ほとんどの歴史研究者はたぶんこのような儀式を演じたことがないと思われ（私も）、素人の私たちがプロの上演の記録を読まされるのであるから、本当のところ何が面白いのかわからないというのが本音であり、少しわかるとすれば、上手くいっているところより失敗の記事ということになる。貴族たちにとっては人ごとではないので、笑い事ではすまされないのであるが。

平安末期の貴族藤原実房の日記『愚昧記』に次のような記事がある（嘉応二年正月二〇日条）。賭弓《のりゆみ》という、正月（式日は一八日）に天皇の御前で近衛府と兵衛府の官人たちが弓を射って競う行事があるが、その際、近衛府のトップである左右の大将がそれぞれ紫宸殿の前のいわゆる右近の橘のところで、射手や矢取の奏に目を通し、それを射場殿に出御した天皇に奏上する射手の奏という儀式が行われる。この時の左大将は藤原師長（三三歳）、保元の乱で敗死した頼長の子で、乱後流罪となったが、後に許され、音楽の才能が豊かなこともあり、後白河院に気に入られ、大納言・左大将まで昇進していた。有職として知られた頼長の子であり、儀式の作法も一目置かれる人物として、記主の実定もこの日の師長の作法に注目していたのだが、どうしたことか大失態を犯してしまった。奏に目を通し終わって、それを内侍に奉るために動き始めた師長は、はたと気づいたのである。何と持っているはずの弓を持っていないことに。公卿の座の方を振り返って二度咳払い、誰か持ってきてくれ、との合図らしいのだが、誰も気づかない。そのまま簾下まで来てしまい、動転していたせいか膝行《しっこう》もしないまま奏を内侍に授け、本来そのまま退去すべきところをそこに立ち止まったまま再び咳払い。ここでやっと番長（近衛府の下級官人）が弓を持ってきたので、それを受け取り公卿の座に戻ってきて、その座で一部始終を見ていた実房（権大納言、二四歳）に、大きなため息をつきながら一言。

「もっての外失礼仕《つかまつ》りおはんぬ、浅猿《あさまし》く候（とんでもない失敗を仕出かしました。困ったものですね）」

実房もこの件について次のように感想を記している。

「幔（賭弓の場にめぐらされた引き幕）の外に出て弓を受け取り座に戻ってきた方が良かったのではないだろうか。随身があわてて弓を持ってくるなんてあまりにもカッコ悪い。また驚きを隠さずに振り向いたり、自分から失敗したなんて口に出してしまうのは良くないのでは。もし失敗しても、すぐに顔に出してはならないと昔から賢人たちも誡めているし、私の師である左大臣の経宗公も常々命じられている」

また次のようにも言っている。

「優美な作法をなされるのだけれど、たった一つの失敗のために他もボロボロ。でも笑ったりしてはいけない。明日は我が身だから」

実際、実房も儀式の場で失敗し、それを自身の日記に記している。

彼が権大納言に昇進した年のことであるが、大嘗会の叙位を行なうことになり、上卿として陣座でその準備を諸司に命じた時のことである（『愚昧記』仁安三年一一月二〇日条）。まず大外記を呼ぶように指示したところ、その場の官人から「軾《しょく》をまず置くべきではないのでしょうか」と言われてしまい、あわてて敷くように命じなければならなかったのである。ところがその場にいた庶兄の実綱（参議・右大弁）にしっかり見られてしまい、日来親しい実綱はにたりとしてひと言。

「お前、自分の日記にちゃんと書いとけよ」

実際、実房が正直に日記に書いておいてくれたから、私たちはこのようなことを知ることができるのである。

ところで、公卿になると、特にまだ見習い扱いの参議から昇進して権中納言以上になると、年中・臨時の行事や諸政務において指揮者ともいうべきこの上卿《しょうけい》という役がまわってくる。儀式・政務には規模の大小、また重要度でも軽重があるが、正月の節会や天皇一代に一度しか行われない即位などは規模が大きく（これらの上卿は内弁と呼ばれる）、またトラブルが生じるとその天皇の治世についてまでとやかく言われてしまうので責任が重い。そして個人的に負担が大きいのは、本書第三章でも触れているが、除目（特に春のそれ）・叙位の執筆《しゅひつ》という、朝廷の人事異動を決定する政務で、その新任者や位階の上がったものを大間《おおま》書《がき》や叙位簿《じょいぼ》とよばれる書類にリストに書き込んでいく役であろう。天皇・関白の前で行わなければならず、除目の場合、三日間にわたって行わなれ、作法も煩瑣、かつ書き誤りも許されず、旧の暦とはいえ正月の寒い夜、なかなか負担が重かった。ただし、これらの重要な役は公卿全員に課せられるということはなく、大臣、特にその筆頭である左大臣がまず担当する（そのため左大臣は一の上卿とか一上《いちのかみ》とよばれる）。当然、左大臣は公事の様々な次第・作法、そして先例に通暁した練達の人物でなければ務まらない。そのような人物が上卿や除目の執筆を務める際には、公事に熱心な貴族たち（当然ライバルもいる）がその儀式に参加しなくても見物に押しかけることになる。

承安四（一一七四）年の正月に行われた春の除目は、高倉天皇が元服して行われる初めての天皇御前での除目であった（元服以前は摂政が天皇の代りに代行する摂政儀という形式で行われる）。二条天皇の永万元（一一六五）年以来、六条・高倉と幼帝が続き、久しぶりの御前での除目であり、担当する左大臣藤原経宗も有識として知られた人物、本人も気合が入っていたであろうし、人々も注目していたことは言うまでもない。この日の記事を記した『山槐記』という日記には次のように記されている。

「昆明池《こんめいち》の障子の後に、冠影甚だ多し、執筆の作法を伺うか、狼藉と謂うべし、蔵人左少弁親宗頻に不当の由称し、人を遣わしてこれを追わしむるも全く承引せず」（承安四年正月一九日条）

訳してみると「昆明池の障子の後ろに、冠の影がとても多く見える。執筆の作法を覗くためであろうか。無作法なことではないか。蔵人左少弁の平親宗もしきりによくないと考え、人をやって追い払おうとしているが、まったくいなくなる気配がない。」というところであろうか。

逆のパターンもあった。同じ高倉天皇の治承四（一一八〇）年の正月の除目。世間の噂では、いよいよ清盛の外孫の東宮言仁（後の安徳）への譲位が近いらしく、この日の執筆の藤原兼実（右大臣）は、幼主が即位すると以前と同様しばらく摂政儀となり、天皇の御前での除目が行われなくなると思い、歴代の摂関家のメンバーが大臣として除目の執筆を務めた際にも稀にしか行わなかったという「不㆑放㆓四所籍籤㆒事」という奥義を今夜はご披露しようとはりきって臨んでいる（『玉葉』治承四年正月二六日条）。兼実は、先ほどの執筆を務めた左大臣経宗に対しては、経宗が摂関家の庶流（大炊御門家）でありながら、有識を誇り、多くの貴族たちの師範であることを誇っていることに対して強烈なライバル意識を持っており、その後塵を拝する訳にはいかなかった。儀式の場は、そのような「家」同士、流派同士の戦いの場でもあったのである。

堂上においては、儀式の主役の作法にギャラリーが集まって注視していた訳であるが、堂の下にも大勢の人々が詰めかけ、堂上や庭先で行われている儀式や法会を見聞きしていることが多かったようである。兼好法師の『徒然草』には、五月五日の賀茂社の競馬《くらべうま》を木に昇って見物する法師のことが語られているが（第四一段）、内裏や院御所などで行われる年中行事や仏事、行幸・御幸なども京の町の人々の見物の対象となっていたのは言うまでもない。

鎌倉末期の延慶四（一三一一）年正月、後伏見上皇の妃広義門院寧子のお産の無事を祈って様々な仏事が行われていたが、その一つ七仏薬師法が行われた際、院・女院の御聴聞所の周辺には大勢の人が詰めかけ、「稲麻竹葦の如」く立ち並んでいたという。権門や参仕する貴族の所従たちばかりでなく、庶民たちも仏事や演じられる舞楽を見物しに来ていたのであろう。そのために、舞楽を演ずる舞人や楽人の通行が妨げられ、官人たちに制させようとしたがどうにもならなかった。無理に追い払おうとすると喧嘩が起こり、肝心の仏事に障害が起きる恐れがあったからである。死傷者が出たりしたら、大事なお産の前に縁起でもないということになる。

雑踏の中で人々の会話が聞こえる。

「あの立派なお車から降りられたお方はどなたでしょう」
「知らないのか。あれこそ女院さまのお父上、さきの左大臣公衡公だよ」
「見て見て、今御堂から出てみえた方は？」
「あれこそ、持明院殿の寵臣で、あの歌の名人藤原定家さまの曾孫でいらっしゃる権大納言為兼さまだ」

レッドカーペットを歩む都のスターたちの登場に、兼好法師のような事情通がここぞとばかりに解説の役を引き受けていたと思われる。

これが一代一度の即位の儀式ともなると、ギャラリーの数は半端なものではなかったらしい。貞永元（一二三二）年、四条天皇は大内裏の太政官庁で即位したが、この儀式に参加した右大臣近衛兼経（二三歳）は次のように日記に記している（『岡屋関白記』貞永元年一二月五日条）。

「今日の儀式に雑人（庶民）が詰めかけ、庭に充満してしまい、一歩も歩けないあり様で、著しく儀式の荘厳さを損なうことになった。このようなことは今まで聞いたこともない」

天皇や院の大掛かりな寺社への行幸や御幸に行われる華やかな行列は、都人の絶好の見物対象であった。行列の車に加え、それを見物するための車もたくさん押寄せる。その対策もその儀の上卿や行事官たちにとって悩みの種だったらしく、武士たちに交通整理させるのであるが、見物の雑人も大勢いてしばしば混乱状態となる（『葉黄記』寛元四年五月二七日条）。現在の京都の祇園祭や葵祭などでのお役所や警察の悩みはすでにこの頃から始まっている。時にその雑踏の中で、会ってはいけない者同士が出くわしてしまうことも今と同じである。花園天皇の時代、踏歌の節会が行われる中で、見物の雑人が瀧口（の下人か）を殺害するという事件が起きた。女のことによる喧嘩らしい。あわてて警固の武士たちが駆け付け、応急手当ではなく、とにかく絶命する前に内裏の門外に運び出した。内裏で死の穢れが発生すると儀式そのものがストップしてしまう。南殿（紫宸殿）の板敷にも血が飛び散ったらしく、その部分を修理職に命じて削り取らせた。人命よりもこちらの方が大事な応急措置なのである。

ところで、このような儀式や仏事の場に集まる庶民たちの眼差しは、堂上でよくわからない儀式作法を演じる貴族たちや、牛車の後ろから靡いている華やかな女房たちの衣装、そしてありがたそうなお経を読み上げているらしい、いかめしい高僧たちばかりにそそがれていた訳ではない。

文治二（一一八六）年六月、摂政の地位に就任し藤原氏の氏の長者となった藤原兼実のもとで、恒例の勧学院の学生《がくしょう》たちがお祝いを申し上げる儀式が行われたが、学生たちが退出した後、設けられた料理などは下人の児童たちに与えることが先例となっていたらしい。この時、これまでは堂上まで昇らせて取らせていたが、兼実はそれを禁止し、庭先で与えることにしたら、取り合いとなり大騒ぎになってしまったと日記に記している（『玉葉』文治二年六月二〇日条）。

兼実は、やはり摂政として恒例の行事である賀茂社への参詣の際にも同じ光景を見ている。下社から上社に詣で、そこで一連の神事の後に饗宴となり、それも終えようとする頃に、下人らが残った「饗の膳」を取り合って「狼藉殊に甚だし」というあり様であったらしい（『玉葉』建久五年四月一七日条）。

朝廷や権門で行われる行事や仏事などに供された食膳や道具などは、参加した官人や所従たちに配分され、さらに庶民へと下賜されることになっていたらしい。官人らにとっては給与の一部と見なされていたであろうし、庶民にとっては、古来よりの賑給《しんごう》の一環として見なされていたであろう。

平時ならこの程度の混乱で済むわけなのであるが、これが飢饉の時となるとそうはいかない。寛喜三（一二三一）年四月、内大臣に就任した西園寺実氏の任大臣節会が冷泉富小路亭で行われたが、夜が明け始めた頃、華やかで豪華な宴席が終わりつつあったその時、堂の下で宴席が終わるのを待っていた雑人たちがその空腹に耐えきらなくなったのであろう、行事官が制するのも聞かず堂上に昇って食べ物を奪い取り始めたである（『民経記』寛喜三年四月二六日条）。藤原定家が『明月記』に連日、京の巷に死体が満ち溢れ、通りを毎日大勢の者が死体を運んでいくために、その死臭が邸内にも漂ってくるあり様だと書いた寛喜の大飢饉の真っ最中のことである。

「日々の食い物さえ事欠く毎日なのに、今眼前に豪華な料理が手も付けられず並んでいる。いずれは下で待っている俺たちに恵んでくれるはずなのだが、…」

そうみんな思いながら、堂下で静かに待っていたのであろうが、誰かが耐え切れなかったのであろう。一人が客殿の階段の登ろうとするのを見た時、堰を切ったように人々が押し寄せたのである。それを制止しようとする行事官たちも加わって会場は大混乱となった。

儀式を見つめる人々の眼差しの先には食べ物しかなかったのである。

第二章　日記の中のジキルとハイド —藤原頼長『台記』—

一　悪左府頼長

図2　藤原頼長像「天子摂関御影」（宮内庁三の丸尚蔵館蔵）

一二世紀というのは、貴族社会やその周辺に本当に個性豊かな人物をたくさん生み出した時代である。後白河法皇や平清盛、源頼朝や義経に藤原通憲《ふじわらのみちのり》（信西《しんぜい》）などなど、次から次へと思い浮かぶが、忘れてならないのは、摂関家に生まれながら保元の乱を起こし、戦陣の真っ只中で重傷を負って悲劇的な最期を遂げたこの人、悪左府《あくさふ》の異名をもつ男、藤原頼長《よりなが》（一一二〇〜五六）である。

頼長は、摂関家を継ぐつもりだったので、代々の当主と同じように大部な日記（『台記』と呼ばれている）をつけており、今日写本ではあるがまとまって残されている。それを読んでいくと彼の人となりが自ずと浮かび上がってくるのであるが、それは両極端の対立した人格が一人の人間に共存しているかのようであり、いまだにどちらが彼の本当の性格といっていいのか、よくわからない。あんまりこういう人とは付き合いたくないというのが本音であるが、日記やその個性的な記主たちを紹介するこの本では、やはり彼を外すわけにはいかないので、仕方なく触れておくことにする。

日記は、保延二（一一三六）年一〇月、彼が一七歳の時から残されている。この年の一二月、すでに頼長は内大臣に昇っており、前章でお話した藤原宗忠が右大臣に昇った後任として就いたのである。一一歳で正五位下となり廟堂にデビュー、その年のうちに侍従、右少将、右中将と昇っていき、一二歳で従三位、いわゆる摂関家もしくはそれに類する上級貴族の子弟のみに許される特権、三位の中将となった。ここでしばらく待機するのが普通である。なぜなら、彼らはこの後、参議を経ずに権中納言に飛級することになっており、権中納言になると一人前の公卿として公事の上卿を勤めなければならないため、少々教育期間を設ける必要があったからであろう。頼長は翌年一三歳で権中納言、やはり摂関家にだけ許される中将を兼任したまま、昇っていってしまった。これは、彼が英才教育を受けていたことばかりでなく、その才能を幼い時から認められていたからであろう。兄といっても二三歳年上であるが、忠通は一四歳で三位中将、翌年権中納言兼右中将である。

頼長は、大治五（一一三〇）年、つまり白河法皇が崩じた翌年の四月一九日、関白忠通のもと、摂関家を象徴する邸宅である東三条殿で元服を遂げており、宗忠も子息たちを連れて参仕し、自身の日記に詳細な記事を残している。頼長の父で、白河法皇の勘気を買い、宇治の地で隠遁生活を強いられていた忠実は、法皇が亡くなり跡を継いで治天となった鳥羽上皇による祖父白河の政策の否定路線により、政界復帰を遂げ、まさに失脚の年に生まれた頼長を連れて廟堂に戻ってきた。宗忠は、六九歳。大殿忠実の復帰を待ちに待っていた彼の眼にはこの御曹子はどのように映っていたのだろうか。苦労人の彼はその危うさをちょっぴり感じていたかもしれない。幸い宗忠は、再び帰ってきた晴れやかな姿だけを見てこの世を去ることができたのだが。

宗忠が亡くなった保延七（一一四一）年の三月には鳥羽上皇が出家し、前年には忠実もすでに出家している。そして、鳥羽法皇はこの年の七月に辛酉革命の年であるとして永治と改元し、一二月には、白河法皇によって就けられていた崇徳天皇を下ろし、寵姫藤原得子（後の美福門院）との間に生まれた皇子を即位させた。保元の乱の火種がすでに燻り始めているのである。

二　陽の面

頼長は才能に恵まれただけではなく、とにかく勉強家である。

康治二（一一四三）年、二四歳の時の日記に、保延二年あたりから本格的に学んだ書物の目録を載せているが（九月記末）、「経家」つまり論語・毛詩など経学関係が三六二巻、「史家」つまり史記・漢書などの史書関係が三二六巻、「雑家」と呼んだ蒙求や帝範・貞観政要などが三四二巻など、約一〇年間に合わせて一〇三〇巻に達している。この目録は、自身にとって一般教養的な勉強は卒業という意識をもって掲げたらしく、この後、毎年学んだ本を日記の年末に載せていくことにし、それを実行している。そして、彼の学問は、上級貴族たちが普通勉強する詩文、いわゆる文章道ではなく、学問を世襲的な家業として朝廷に出仕している専門家たち、どちらかといえば下級に属する官人たちが学ぶ明経道（儒教の経書の義理を学ぶ）に向かっていった。

彼は、中国の類書である『太平御覧』を牛車にいつも乗せており、内裏や院の御所への行き帰りなどに開いて勉強し、わからないことがあるとお供している学問に通じた家人に質問していたらしい。時に『春秋』などの経書のテキストを校訂し、見出しを付けて重要と思われる部分を抜き書きして研究し、側近の学者たちと議論した。さらに学問のレベルが上がってくると、研究会を催し、そのメンバーには側近の学者グループのみならず、それ以外の学者を招いて議論を重ねるという念の入れようである。それは、摂関家の坊ちゃんをみんなでおだてて、お付き合いするというような程度ではなかった。

彼は、その側近の儒士たちをとても大事にした。その中でも藤原成佐という者は、頼長もその学識を認め、師と仰いだ人物だったが、久安六（一一五〇）年一一月、重い病気になってしまった。頼長は、見舞いを送るだけではなく、陰陽師に泰山府君祭などを修させたり、三尺の薬師如来像を描かせ供養させたりと、厚く病気平癒を祈らせた。さらにできることはないのかとその家族に尋ねると、穀類は受け付けないのだが、もし芋の粥があれば食べさせられます、と聞くとそれを作らせて届けたりもしている。そして身分の低い成佐の家に自ら見舞いに行こうとし、父忠実に許しを受けようと伺ったら、ひどく怒られてしまったと日記に書いている。成佐は、頼長に出家の許しを請い、一度は押し留められたのだが、一二月二九日、病が重篤に陥ったのであろう、ついに出家を許さざるをえなかった。そして翌年の正月四日、成佐の死が伝えられた。ひどく悲しんだ頼長は、規則順守がモットーの彼らしいのだが、律令に照らして、学問を学んだ師が亡くなった時は三日間仕事を休むべきと父に願い出た。すると、やはり忠実に、今はそのようなことはしないし、父の命として出仕しなさいと諭されてしまった。

本当に喪に服したいのなら、父親になぞ確認せず、病気など他に理由を付けて喪に服せばよいのに、そのような方便が嫌いなのも彼の性格であり、それがやがて彼の身を亡ぼす原因の一つとなる。しかし、優しい心を持ち合わせているといってもよいであろう。次のようなことも彼の日記の康治二年六月六日条に記されている。

私には乳母がいて名を備後という。私が一五歳の時、病気で亡くなってしまった。その臨終に際して、その家に見舞に行くと、枕元で彼女は私に次のように遺言した。

「私には子がありませんが、ただ一人、この姪だけが心残りです。」

彼女はそこで六条院に女房として仕える但馬という女を私に引き合わせた。私は涙を流しながら答えた。

「わかったよ。幼い時に母を亡くした私を大事に育ててくれたお前の恩は決して忘れない。」

以来、私はずっとこの事が気にかかっていたが、なかなか乳母が残した但馬のことを面倒見ることができなかった。今、内大臣とは言っても私に自由にできる財はわずかであるが、ひとまず米五〇石を贈ることにした。乳母から受けた恩からすれば百万分の一にも満たないが、せめてもの思いを伝えることにしよう。

泣かせる話である。優しく信義に熱い心の持ち主と言えまいか。

次のような話もある（康治元年八月六日条）。

私は、少年のころ猫を飼っていた。猫が病気になった時、千手観音を絵に描いてお祈りした。

「観音さま、どうかこの猫の病気を治してください。この猫を一〇歳まで生かしてください。」

するとどうだろう。病気はすぐ治り、この猫は一〇歳まで生きた。そして死んだ猫を私は衣で包み櫃に入れて葬った。その時以来、私は千手観音をずっと信仰しているのです。

猫好きにはたまらない話ではないか。

三　陰の面

頼長は、まがったことが嫌いである。

康治二年一〇月、父忠実とともに四天王寺に参詣した際、そこで聖徳太子の衾（夜具の一種）と伝えられる寺宝を見物したが、忠実は女房たちにお土産にと、それをちょっとだけ割き取った。そして次のように頼長にも勧めた。

「お前もどうか。御守りになるよ」

頼長は言う。

「お断りします。ほんのわずかでもお寺の物を盗み取ることは、世を支配するものとして罪となります。」

そう言って彼は断ったのだった。

彼は、公的な場でも私的な生活においても、それを貫き通したのであろう。ま、摂関家の御曹子という恵まれた立場にあったからこそ、それが可能であったのだが。しかし、こういった性格は権力を持つ身となり、それを抑制できる束縛を持たなくなると、得てして暴走しがちになる。

ある日、頼長の邸で、家人たち同士が喧嘩となり、一人が相手に切りつけた。頼長は検非違使を呼び犯人を引き渡したが、その時、検非違使にこっそり命じた。

「罪が重いから、こいつの右手を切りなさい」

天養元年、頼長は検非違使の別当（長官）ではなかったが、右大臣は欠員なので実質的に朝廷のナンバー2である内大臣の命となれば、下っ端の役人は逆らえなかったであろう。

それは時に公然と人々の面前で行われることもあった。

平信範という、摂関家に代々仕えてきた大番頭のような人物の日記に次のようなことが記されている（『兵範記』仁平二年二月三日条）。

信範がある日のお昼頃、東洞院大路に面した門前で人々が市場のように集まっているのに気づく。どうしたものかと尋ねてみると、左大臣殿（頼長）のご命令で、皇后宮に仕える召使（下級の役人）が面前で髻《もとどり》を切られ、出家させられているという。理由は、同じく皇后宮に仕える他の役人が、大原野祭で供される食事を担当するように割り当てられたのに辞退しようとしたので、この男が遣わされ責め立てた際、非礼があったらしく、その役人は辱めを受けたと言って自ら髻を切って出家してしまったからだという。これを聞いた左大臣殿は立腹され、皇后宮の官人たちを尋問し、結果、召使を罪過に処した結果なのであった。人々はもう少し穏便な処置で済ませられないのか、と眉をひそめたらしい。

『台記』に記される次の話は特に有名で、頼長の人となりを語る時に必ず引用される記事で、ご存知の方も多かろうと思うが、彼や彼の日記を理解するためにも大事なので紹介しておこう。

まず、久安元（一一四五）年一〇月二三日の日記に次のような事件が記されている。

昨日太政官の召使を務める国貞という男が、検非違使庁の下部《しもべ》のために殺されたという。この国貞は太政官の職務をよく知っていた人物であり、そのような者が殺されてしまったのは、太政官としても損失であり、大変残念である。特に権大納言の藤原宗輔は残念がっているという。彼は国貞の有能さをよく知っていたのであろう。

そしてその年の一二月、次のような記事が載せられている。

一七日、雪が舞い散る中、鳥羽へ行き、院の御所や父忠実のところに伺い、さらに崇徳院の御所などを回った後、参内し除目を行なった。

しばらくこのような日常的な記事が続くが、最後のところに次のように記す。

今夜、妖しい雲が空にたなびいていた。召使の国貞を殺した庁の下部は、この七日の恩赦で許され放免になったのだが、今夜誰かに殺されてしまったという。国貞は君に忠を尽くした人物だから、今その仇が殺されたというのは天がそのようにはからわれたのであろうか。太政官にとっても喜ばしいところである。いまだ犯人は誰かわかっていない。国貞の子のしわざと言う噂もある。

ところがその割注に以下のことが書かれ、この日の日記は終わっている。

実は、私が私の家人の秦公春に命じて殺させたのである。天に代わって誅したのだ。周の武王が殷の紂王を討ったのと同じである。人は誰も知らないが。

頼長が日記の前で一人高笑いしているのが目に見えるようである。

今日頼長の日記は写本でしか伝わらないので、この部分、元は日記の裏に書かれていたものかもしれない。日記の表に書いたか、裏に書いたかで、少々理解は変わってくるとは思うが、それにしても、である。曲がったことが嫌いな彼の性格がそのまま現実の場で実行された訳であるが、これを公然とやってはいけないということは彼もよくわかっていた。しかし、正義感燃えさかる彼には、恩赦にあった人間を殺すということは、まがったこととは映らなかったのである。

この頼長の行動を普通ではないと見なすことはたやすい。こんな男だったから、保元の乱で貴族なのに悲惨な最期を遂げる破目になったのだ、と語るのも簡単である。しかし、今でも自分の正義を振りかざし、居丈高に行動する者を結構見かけないだろうか。最近は、インターネットという武器を手に入れ、自分に火の粉がかからないように、暴力をふるい、人に危害を加える人間も大勢いる。八〇〇年以上前の頼長を笑えないのである。

四　日記に書いてよいこと、悪いこと

仁平三（一一五三）年一〇月、大殿忠実は、関白忠通より氏の長者の地位を取り上げ、頼長に与えた。すでに二年前に関白の実質的権能である内覧を得ていた左大臣頼長は、この時点で摂関家の継承者の地位を確立したといえよう。この年の九月、子息の兼長が一六歳で参議に昇り、すでに前年に昇っていた師長と共に家の跡継ぎもしっかり確保できたと考えたのであろう、頼長は、この二人に遺誡を与えており、それを自身の日記にも載せている（九月一七日条）。

兼長・師長よ、お前たちは共に参議として公卿の座に列することになったが、今日からは、朝廷に出勤したかどうか、その多少をまず問題とせよ。私の子は、年齢の長幼、好きか嫌いかの多少は問題とならない。昇進には、出勤日数の多い方を推挙することにする。奉公の忠義を認められず、その推挙に預からなかったからといって私を怨んではいけない。

華麗な衣服を求めてはいけない。お伴の者の少ないことを気にしてはいけない。忠義の心で奉公する者は人の嘲りを恥じることはないのだ。

そもそも奉公の忠というものは、ただ名を後代に残すことを心掛けるものであり、天皇の恩寵を期待するものではない。忠を尽くして恩を求めるということは、昔の賢者も誡めていることである。絶対に、である。私がこの世を去った後、もし霊魂が存在するならば、きっと公卿の執務の場の辺りを彷徨って

いるよ。もし会いたくなったら、職務がなくてもそこに来ればよい。親孝行の気持ちがあるなら、とにかく職務に精励しなさい。それが私の恩へ報いる方法なのだ。世間的に後世をとぶらう仏事など期待していない。二人は、この父の戒めを必ず守りなさい。

至極まっとうな戒めである。現代でも会社の経営者とかが、自分の息子を会社に入れたら、まずこのような訓戒を与えるべきであろう。実際はそうでない場合の方がよほど多いのであろうが。ブランド物を身に付け、ぺこぺこお世辞を言ってくれるお伴を大勢引き連れて夜の街を闊歩する、そういうやつはだめなのだ、と頼長は言っているのである。

頼長はこうも考えたのかもしれない。口で言っておいてもすぐに忘れてしまうかもしれないが、日記に書いておけば、職務に熱心な子は必ずや私の日記を読み返すであろうから、この父の訓戒を目にするに違いない。頼長の日記には、公務に必要な情報や知識がたくさん書き留められており、結局保元の乱に敗死したため、彼の日記は、子孫のもとから離れて世に出てしまい、中世を通じてさまざまな貴族たちに読まれることになった。

鎌倉時代末期から南北朝時代に生きた花園院もこの頼長の日記を読んだ一人であり、彼はその感想を自分の日記（元亨四年二月一三日条）に記している。その中で、頼長は才学は抜群に優れた人であり、学問の義理を追及した人であるが、実際行なったことに見るべきものはない、「僻見《へきけん》」をなす人だと断じている。花園院は、実は先ほどの庁の下部暗殺のことにも触れており、頼長は、天に代わって罰を行なったと言っているが、天意とはそういうものなのか、と疑っている。

また、頼長の日記の中に、愛する秦公春が病気となり、その延命を神仏に祈ったのに、死んでしまったので、もう仏法は信じないと記しているのは、天命というものを理解していないことを示し、天命を知らない者がどうして君子と言えようか、その智というものも深いものではないと憤っている。藤原実資の『小右記』と比較しながら、実資は何と君子であり、「識者」なのか、世の人々が賢者というのも当然であると述べ、自身を賢者であり君子とうぬぼれる頼長に対して語気強く批判しているのである。

花園院が、日記を単なる公事の情報のプールとして見るだけではなく、日記を通じてそれを記した人物を論じている点、日記を読む天皇・貴族たちの姿勢を感じられて興味深い。それにしても、頼長の日記が、伝統的な貴族の日記の枠をはみ出して、後代にさまざまな波紋をおとしたのは確かなようである。

普通の貴族が書かないことを書いたという点では、もう一つ、これも有名なことであるが、頼長は自分の男色のことをかなり詳細に日記に記していることであろう。この点については、研究も多いので詳しくはそちらを参照して欲しいが、その記事にはその行為や感想などがかなり具体的に記されていて、中世後期の日記まで見渡しても特異な記事となっている。男色関係を通じて、政治的なコネクションなどまで勘ぐる向きもあるが、それも子孫たちに大事な、世渡りのための情報と考えていたのだろうか。日記に記すべきこと、そしてその範囲というものは、貴族の地位や身分によって若干の幅はあるが、ある程度存在していたと思われる。良い方でも良くない方でもそれを逸脱して自分を見せたいという、ある種の自己顕示欲の強さが頼長の性格の一つだったと見ることは可能であろう。それは、新しい時代の息吹きが日記にも及んでいたととらえることも可能なのかもしれない。

コラム2　日記の価値

日記の価値とはどのようなものであろうか。

現代の私たちにとって、日々日記を付けることによって得られる精神の安定、ストレスの解消などは大きな価値と認めるべきであろうが、結果残された日記については、自伝とか、今流行りの自分史とかを書くつもりがなければ、それほど価値があるとは思えない。それでも百年くらい後の世には、私たちの時代を知る史料として使われるかもしれないが、今、価値があると見なされないものが次の時代まで残されることが至難の業であることは、歴史が物語っている。手紙にしても日記にしても、残そうという何らかの意志が働かない限り、そのまま残る可能性は極めて低い。有名人のものとかであればともかく、普通の人のものは、本人も亡くなり、やがてその人を直に知る人間がいなくなると残存率は急速に低下する。長期間記された日記のようなかさばる物は更にその率は低かろう。

パソコンに保存されているものはどうなるのだろう。これはまだ見当がつかない。現在保存するディスクやＵＳＢなどの容量はどんどん大きくなっている上に、Ｃｌｏｕｄなどインターネットを通して、それら以外の場所に大量に保存することが可能となっているが、それでも世界中でどんどんたまっていくとどうなるのであろうか。個人的に書いたものを自分のパソコンやＵＳＢなどに保存したものはいずれどこかに廃棄されて消えてしまうであろうが、インターネットを通して保存したものはどうなるのだろうか。世界の片隅にずっと残っているのかもしれないが、その存在も忘れられ、またそれとアクセスするコードも失われれば、存在していても社会的には存在しないのと一緒であろう。そのようなデータの墓場がどこかに作られ、やがてデータの化石と化すのであろうか。

話がいらぬ方向に飛んで行ってしまったが、まだまだ紙も文字を自由に書くことも貴重な時代に記された古い時代の日記は、その中に含まれた情報が貴重であった上、その情報を伝える方法が限られていたため、同時代の本人以外の人々にも広く書写されることになった。そして他人の日記を書写するということ自体が、すでにその日記に当時の人々が価値を感じていたことの証左であろう。さらに社会が大きく変わった次の時代にもそれに価値を感じる人々がいて、幸い私たちの時代まで、その価値の連鎖がつながってくれたおかげで、我々は何とかその一部を読むことができ、おかげさまで私がこの本を書くことができたのである。この点だけは日記の記主たちにとって迷惑だったかもしれないのだが。

道長の曽祖父で摂関政治の確立に大きな役割を果たした藤原忠平は、子息の師輔に延喜八（九〇八）年の自身の日記の中から重要なことを写すように指示したと書き記している（『貞信公記』天慶八〈九四五〉年四月一六日条）。すでに自身の日記に含まれる情報が他者にも役に立つことを認識している訳である。忠平の日記は死後、朝廷の要職を独占したその子孫たちに書写され続け、その情報は彼らに広く共有された。

忠平が仕えた醍醐天皇も、一代おいて跡を継ぎ、忠平の子実頼や前述の師輔らとともに朝廷の儀式の整備に意を尽くした村上天皇もともに浩瀚な日記をつけており、彼らの日記は、崩じた後、殿上の御厨子に置かれて、公事に熱心な貴族たちによって読まれかつ書写された。一種の情報公開がなされたのである。やがて原本が内裏の火災で失われてしまっても、書写されていた写本によって復元され、その後も情報の共有が進んだのであった。

醍醐天皇が崩じて百年ほど経った長暦三（一〇三九）年の藤原資房という貴族の日記に次のような記事がある。

「督殿命じて云はく、故左大弁存日に相語りて云はく、延木御日記廿巻、故朝経卿息基房〔経頼婿也〕の許より、借り取り書写しおはんぬ。件の御記、絶世之記なり。世間流布の御記の中、記されざるの事等、皆この御記の中に在り、外人その由を知らざるところなり、又関白同じく知り給はざる事なり。一本書、猶畏れ有り、密々書写すべし（後略）」（『春記』長暦三年一〇月二八日条）

訳してみると次のような内容である。

督殿（資房の父資平、右衛門督）は私に言われた。故左大弁殿（源経頼）が生前おっしゃっていたことには、延木御日記（正確には延喜御日記で醍醐天皇の日記）二〇巻を娘婿の藤原基房（朝経の子息）から借りて書写した。この日記は「絶世之記」で「世間流布」の日記には書かれていないことがすべてこの中に書かれており、その事を他の人は誰も知らないのだ。また関白頼通さまも同様にご存じないのである。ただ「一本書」なので不安があるから密かに写しなさいとのことだ。

この記事に見える「絶世之記」は他に存在しない貴重な日記、「世間流布」の日記はそれとは逆に人々に出回っている珍しくない日記という意味であろう。源経頼が聟から入手した醍醐天皇の日記は当時出回っていた多くの写本の中でも特に良質なものであったらしく、それを同様に自分の別な娘の婿（資仲）の父資平に紹介し、資平が子の資房に写しておいでと命じたのである。「一本書」なので不安があるから、という部分は、どうも同じく経頼の聟の父で、他には写本がないこの日記を関白頼通の威を借りて狙っていた源隆国の動向に対する不安であったことが日記の後略の部分から知られる。

この記事から当時、日記に対して一種の価値が生じていることが知られよう。同じ人物の日記に対して、出回っている写本の中に、その質の違いによって価値が高いものとそうではないものが生じている訳である。

「世間流布」という価値観はその後もしばしば見られる表現である。「世間披露之本」とか（『江記』寛治三年正月四日条）、「世之常所用記」（世の常に用いるところの記、『中右記』永久二年三月三〇日条）などのように表現されている場合もある。今もそうであるが、他人が知らないデータが含まれる方が貴重なのであり、人々をそれを求めて、本書の第一章の三で見たように、時に人と争う羽目になったのである。またこのような「世間流布」の日記は転写を繰り返していったものも多く、当然データの劣化が生じているものがあった。

鎌倉時代半ばの宝治元（一二四七）年、後深草院の皇女綜子内親王の侍始《さむらいはじめ》の奉行を担当した藤原顕朝は、所宛《ところあて》（様々な行事の担当者や費用の分担などを定める手続き）の文書が大治元（一一二六）年の鳥羽院の皇女の先例と異なっていることが指摘され、調べたところいくつかの日記の間に齟齬が生じていることに気づき、「かくのごとき展転書写の諸家記、僻事太だ多し、指南し難きか」、つまり、このような何度も書写を繰り返してきた日記には誤りが大変多いので参考にならないと記している。できるだけ正確な情報が求められるのはいつの時代も同じである。

私たちがよくベートーベンの田園交響曲を名曲と言ったり、時代劇に出てくる正宗の名刀とか、有名な陶工が作った茶器の名器などと同様に、名の知れた優れたものに「名」という語を冠して呼ぶ使い方は日記についても用いられていたようで、名記という言葉が当時の史料の中に見えている。

本書の第五章に登場する伏見宮家の貞成親王のもとに、万里小路時房（『建内記』という日記の記主としてよく知られている）から彼の先祖の藤原経房の日記が「名記」なので写本をお持ちならば貸していただきたいという申し出があった。貞成が所蔵の記録を調べてみたら朝覲行幸《ちょうきんぎょうこう》の部類記の中に一巻あったので、書写して送ったという記事が見えている（『看聞日記』応永二九年六月二二日条）。また、本書第六章に登場する三条西実隆の孫にあたる実枝が著した有職故実の書『三内口決』には、「摂家清華事」という項で五摂家の由来を述べた部分があるが、そこで近衛家は系図の上では、「宗領」（嫡流のこと）であるけれども、「名記」を残していない、一方九条家の方は庶流であっても、「峯関白」道家（その日記は『玉蘂《ぎょくずい》』とよばれる）・「月輪禅閤」兼実（『玉葉』）・「後京極摂政」良経（『殿記』）が優れた日記を残し、それらは「三代ノ正記」と呼ばれ、「天下之鏡」として有名であると記している。

実枝に名記と呼ばれた九条道家の日記『玉蘂』には、後鳥羽院が書写し蓮花王院の宝蔵に保管していた藤原忠親の日記（現在『山槐記』という名で、平氏政権の時代を知るためによく使われる日記の一つとして知られている）を西園寺公経より借りて書写した際に、この日記は「末代無比類之記」（まつだいひるいなきのき）であると評している（『玉蘂』安貞二年三月一三日条）。これも優れた日記と評する際によく使われる表現である。

九条家の三つの名記を「三代ノ正記」と呼ぶことは、実枝に限らず、この三人の子孫である九条流の摂関家諸家に共通の認識であったらしい。九条流の嫡流を持って任ずる一条家に生まれた有職故実の大家兼良は『桃花蘂葉《とうかずいよう》』という故実書を残しているが、その中の「当家相伝正記事」に「三代記」としてこの三つの日記が他の父祖の日記とは異なる別格扱いをされたことを記しており、九条家でも同様にこれらを「三代正記」と呼んでいる（『後慈眼院殿御記』明応九年七月二九日条・『九条家文書』所収九条稙通記録覚書など）。

この「三代」という語には、ある家系の中の三人をただ指しているだけではなく、その「家」を代表するという意味合い、つまりオペラで以前よく知られていた三大テナー（名歌手パヴァロッティ・カレーラス・ドミンゴの三人）のような、その世界を代表する大物三人というのと同じような意味合いが込められているようである。

他に、例えば文和二（一三五三）年三月五日付けの三条公秀が記した譲状には、「西郊以下四代御記」と記されているが（『前田家所蔵文書』）、恐らく公秀の直系の先祖で日記を残している公氏以下実蔭・公貫・実躬の四人の日記を指している（ただし実蔭については他の史料で確認できない）。また応安四（一三七一）年三月六日付けの勘解由小路兼綱の譲状には、子の仲光に譲与する日記の中で「三代御記并びに抄出の家記〔姉少路殿・後師・四辻殿〕等、殊に秘蔵すべし」と記され、特に取り扱いに注意すべき重要な日記として明記している。「抄出の家記」の方は、つまり抄本として所持する「姉少路殿」兼光、「後《のちの》帥《そち》」資実（兼光の子）、「四辻殿」頼資（資実の弟）の日記を指し、ここに見える「三代御記」は、現在歴史学でいう宇多・醍醐・村上の三天皇の日記ではなく、恐らく兼綱の前の三代、つまり頼資の子経光（本書の第四章に登場）、その子兼仲（『勘仲記』の記主）、さらにその子で兼綱の父光業の三代の日記を指しているものと考えられる。譲状という子孫に対する文書の中で散見しているが、ここではただ歴代の日記を記した当主を挙げているのではなく、日記が代々「家」において継続していることを誇らしげに謳っていると見るべきであろう。

室町時代の半ばの正長元（一四二八）年、一八歳の中山定親は、一一つ年下の園基世とともに勧修寺経興（三三歳、権中納言）の邸宅に呼ばれ出かけていった。所蔵する日記の整理を頼まれたためである。公事に熱心な定親は、代々の日記を豊富に伝える勧修寺家の記録を見ることができると、喜々として出かけたようである。そこで彼は、目録の作成も手伝うことになったのであるが、その作成に亭主から次のような方針を伝えられた。

まず、全体を家記の部と他家の部と大きく二つに分ける。家記は勧修寺流藤原氏一門の日記、他家の部には、前述の醍醐天皇や村上天皇の日記、小野宮流の藤原実頼・実資の日記など名だたる日記が含まれ、藤原宗忠の『中右記』も定親の先祖の忠親の『山槐記』も所蔵されていてこちらに分類された。

さらに家記の部は、「正流記」とその他の二つに分類するように指示された。「正流記」は、隆方・為房・為隆・光房・経房・定経・資経・経俊・俊定・定資・経重・経豊の十二代の日記、まさに平安中期以来、経興の父に至るまで直系の代々の日記がほとんど網羅され、それらの多くに、さらに「正記」もしくは「有二正記一」と注されている。これはその人物の日記が自筆原本のまま所蔵されている場合と、「正記あり」、つまり写本が主体であっても自筆原本が含まれているものを指しているようで、他家部に属する実資の日記「野府記」にも正記が含まれていたことが知られる。家記部の正流以外の日記として、勧修寺流一門の他の流れの人々が記したもの、例えば泰憲・憲方、それに光親の日記が正本で、他に長方・長兼の日記などが含まれていた（彼らの日記がこの一門の系譜でどの辺りに位置するかは次ページに載せた系図で確認してほしい）。

定親が豊富かつ質の高い日記の山に圧倒され、千載一遇のチャンスに出会えたことを喜んだことは言うまでもない。

この勧修寺家の家記の分類に適用された区分も当時の日記に対する一つの価値観を示しているといってよいであろう。自家、特に直系の「家」のさらに正本、つまり自筆原本に最大の価値をおいている点、日記が「日記の家」の大事な家財として位置づけられていることの証左であり、「家」という存在を主体とする、極めて中世的な価値観がそこに生じていることを示しているように思う。儀式や政務の現場における実用性より、先祖の自筆の日記を持っている方が価値が高くなっている訳である。

日記の価値も時代によって変化しているのである。

勧修寺流藤原氏日記系図

院政期初頭に活躍した為房は多くの優秀な子どもたちを持ち、その子孫が中世の朝廷に展開、有力な公家の諸家を生み出した。この一族は、今日確認できない者も含め、ほとんどが日記を記していたと推測される。

1）太字の人名は日記の記主として確認できる者。
2）傍線を付した人名は、コラム2で勧修寺経顕所蔵の家記の記主として見える者。
3）＊印を付した者は本書に登場する人物。

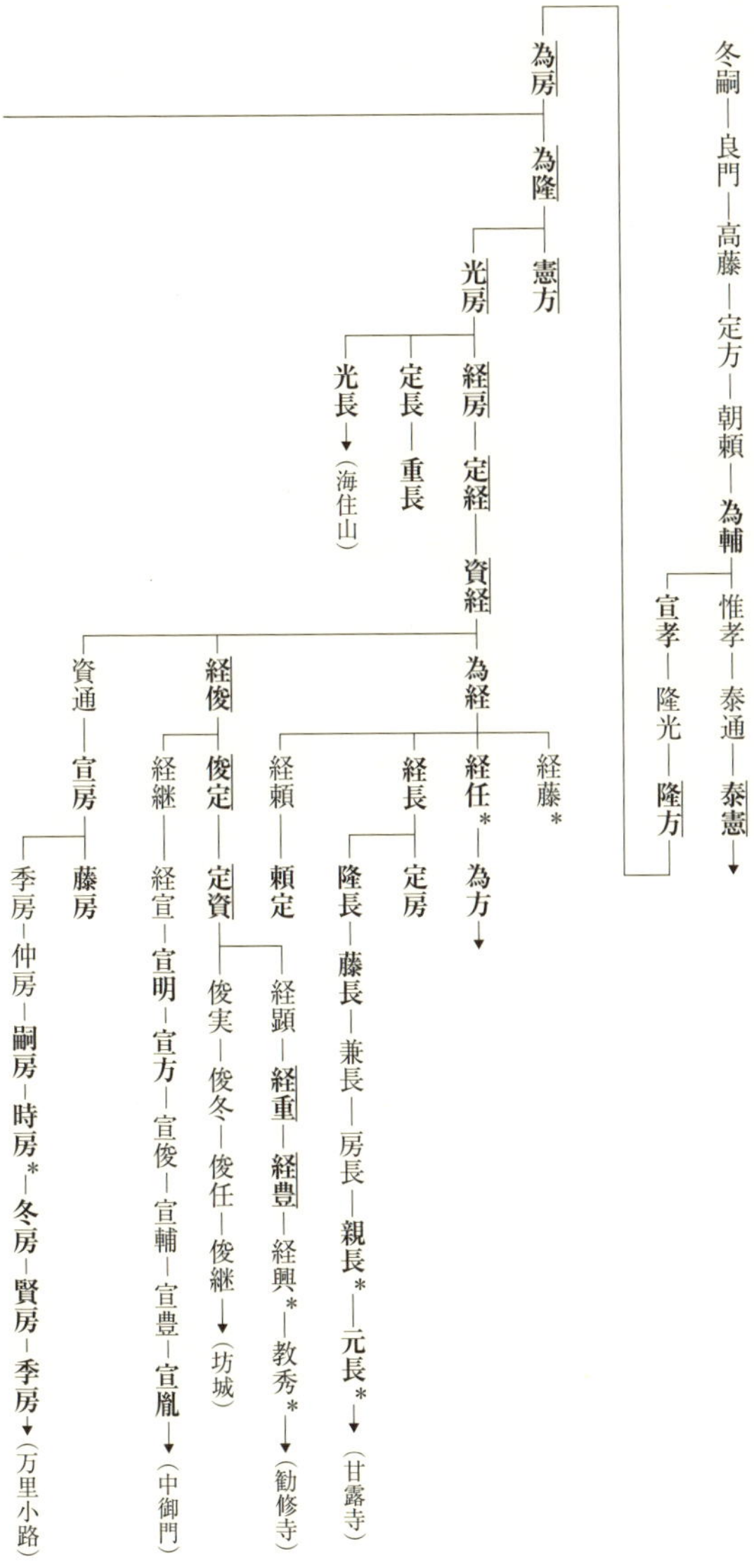

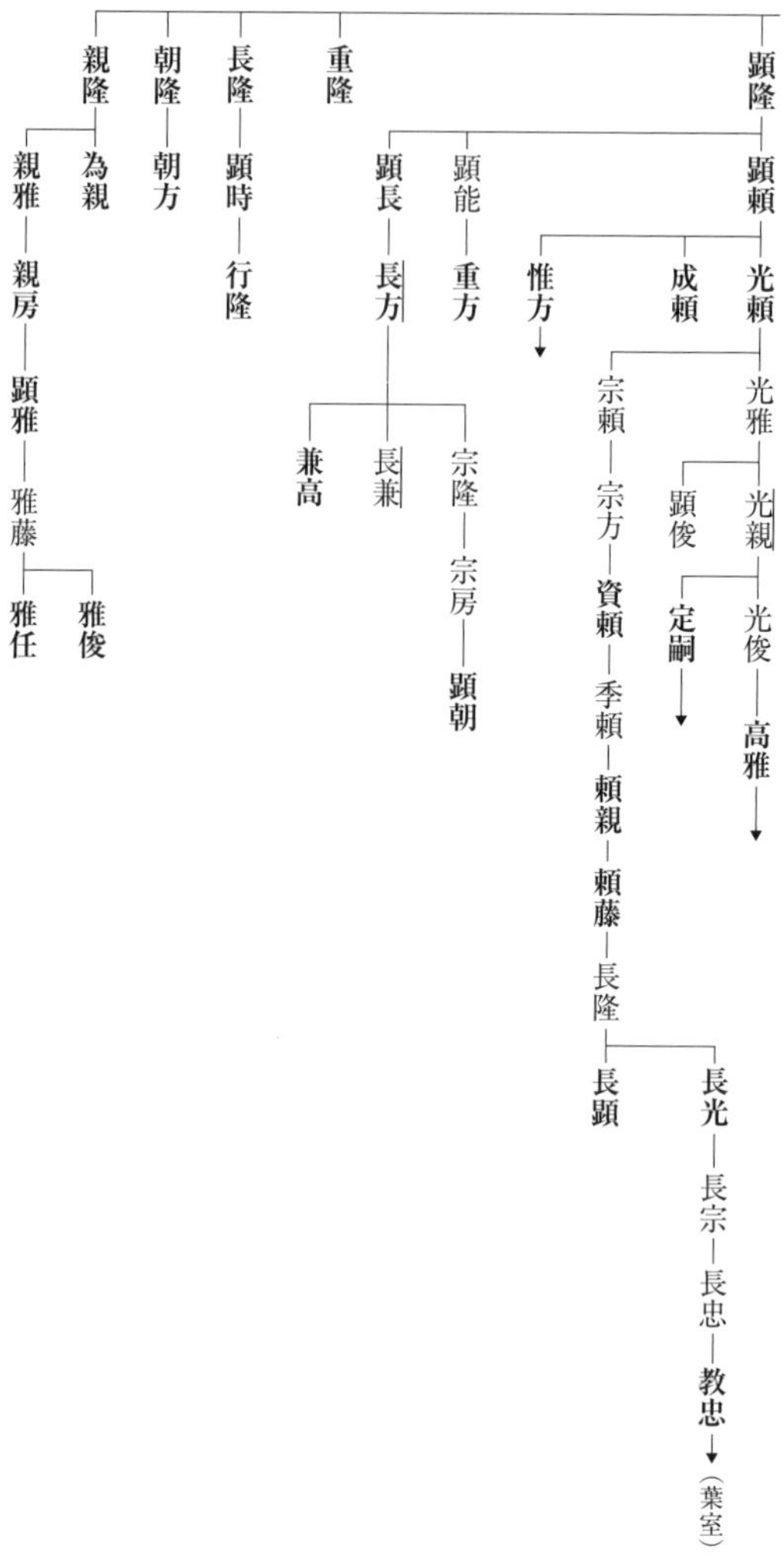
顕隆
顕頼
光頼
成頼
惟方
光雅
宗頼
顕俊
光親
宗方
光俊
定嗣
資頼
高雅
季頼
頼親
頼藤
長隆
長光
長顕
長宗
長忠
教忠
（葉室）
顕能
顕長
重方
長方
宗隆
長兼
兼高
宗房
顕朝
重隆
長隆
顕時
行隆
朝隆
朝方
親隆
為親
親雅
親房
顕雅
雅藤
雅俊
雅任

第三章　父と姉と娘と息子 ―藤原定家『明月記』―

一　さまざまな顔をもつ定家

その名も風流な『明月記』は、ご存知、中世第一の歌人藤原定家（一一六二～一二四一）の日記である。彼は、高校の教科書にも後鳥羽上皇の命を受けて『新古今集』を編纂した人物などとして載っている有名人であることは言うまでもない。

ただし、この時代、歌人という地位だけで食えていた訳ではなく、彼は宮廷貴族の一員として、天皇のみならず、上皇や摂関家、女院など、あちらこちらのお偉い方々に和歌以外の仕事でもご奉仕していた。そして、彼は栄光の先祖道長の存在を強く自認し、その子孫（御堂流とか御堂子孫とか言われた）という名門の血を誰よりも意識して、宮廷における公卿としての昇進を何よりも夢見ていた。彼の官僚としての俗物意識は、日記のそこかしこに満ちているが、それと彼の透徹した和歌での美意識や芸術性とは矛盾するものではない。その辺りが、彼の日記を他の貴族の日記とは違った面白さを醸し出すものとなっているといっても過言ではない。

この時代、官僚として職務を全うするためには日記が必要であった。何事も先例を重んじて行なわれる政務やさまざまな儀式においては、過去の同様の際に先人がどのように対処したかを提示しなければならず、その際にも、できれば誰それの日記にこのように書かれていますと証拠を提示する必要があったのである。先例重視は当時に始まったことではないが、本書の最初に登場した藤原宗忠の時代あたりから、その日記が「家」の先祖のそれだと価値が高くなるという傾向が生じるようになり、それは定家の時代、ますます重みを持つようになっていた。

ところが定家の場合、和歌の分野での父俊成（こちらも当時第一級の歌人として名声が高かった）から受け継いだものは、才能も含め十分であったが、官僚としての大事な道具である日記についてはかなりお粗末な状態であった。それは彼のせいではなく、先祖たちの怠慢であったと思われる。定家は、公卿となった道長の息子たちの中では一番年下の長家の子孫で、長家から四代目にあたる。長家は日記を記していたようであるが（これまで述べてきたように、まとまった日記を残すということは公事に熱心であったことを示す）、次の忠家・俊忠・俊成と続く三代に日記を記した形跡がなく、長家の日記が定家まで相伝されることもなかったようである。そして血統で保ってきた公卿の地位も、父俊成の代に至って効き目はゼロに近く、年をとってエリートコースからはずれたポストを経ながら、やっと三位の位階を頂けるという有様であった。この参議以上の本来の公卿のポストに上がれないまま待機する非参議《ひさんぎ》に佇《たたず》んだまま、年齢だけが無駄に嵩んでいつしか消えていく人々は、定家の時代、ますます増えていた。このまま手をこまねいていると自分も同様の憂き目を見、やがて我が家は、公卿の家として貴族社会から消えてしまう、あの小野宮流の人々のように。このことを定家は官人としてスタートした時点で強く意識したと思う。そのためにどうするか。きちんと日記を書いて公事に精励すること、それに父祖から受け継げる「家」の日記がほとんど期待できない以上、それらをとにかく、いろいろなつてを頼って集めることを決心したはずである。やっぱり真面目で努力家であった定家はそれを実現し、この『明月記』はそのような彼の生涯にわたって続けた努力の結晶であった。彼の努力は『明月記』だけでなく、今日その子孫の冷泉家に伝わる記録や儀式書類にも確認できるのである。

　そんな定家が貴族として一人前になるために書き始めた日記であったが、いつしか書くことそのものにも喜びを感じていた形跡がある。すでに藤原宗忠のところでも触れたが、王朝貴族たちは出家して現役を退くと日記の筆も擱く、という意識をもっており、それは前章でも触れたように鎌倉時代にも生きていたようであるが、定家の場合、天福元（一二三三）年一〇月、七二歳で出家しても日記を止める気配はなく、亡くなる仁治二（一二四一）年の頃まで書き続けていたらしい。

　天皇や摂関の動向、政治的な事件や巷の噂話やゴシップの類、除目の度に自分を追い越していく者たちへの悪口など実に多くのことを綿々と日記に書き続けたが、定家という人は、和歌や物語の世界、花鳥風月や光源氏ばかりでなく、現実に生きる人間に常に関心を持ち続けた人物であったように思われる。そんな彼は、現代の我々と同様に、家族のことを常に気遣い、時に振り回されながら生きていた。そのことも日記に熱心に書き綴っている。ここではその一端を垣間見てみよう。

二　父俊成の死

日記の中には多くの人生が書き留められている。そこにはたくさんの生と死が詰め込まれている。日記の中でそれらを見つめる際、どうしても印象的なのは死の記事である。

貴族たちは、自身ばかりでなく多くの人々の運命を左右する、例えば天皇や摂関、武家の将軍の跡継ぎとなるべき子らの誕生をも数多く記しているが、筆の力の入り具合は、死の記事の方が勝っているように思われる。日記は、これから生を満喫する者たちのためというよりも、やはり過去の結末を知ろうとする者のためにあるのかもしれない。

古代・中世の日記の中で、最も印象的な死の記事は何かと聞かれたら、藤原行成の『権記』の中に見える妻の死の記事、藤原兼実の『玉葉』に見える子息良通の死の記事、藤原定家の『明月記』に見える父俊成の死の場面、貞成親王の『看聞日記』に見える娘の死の記事、そして亡くなった日の記事は残されていないが、重病に次第に衰えていく娘のことを記し続けた山科言継の日記『言継卿記』ではないか、と答えるだろう。不思議と母親の死について記したものがないが、偶然であろうか。この本で扱った日記の記主たちの場合、早く母を失ってしまった者が多く、日記が残り始める以前だったり、もしくはその時の日記が残っていないので死の記事が知られないからなのであるが…。

藤原定家の場合、歌人として有名な父俊成が亡くなったのは、元久元（一二〇四）年一一月三〇日の未明のことであった。俊成は九一歳、平均寿命が延びた今日でも十分長寿と言ってよい年齢であり、定家も四三歳に達して、正四位下左中将、いまだ三位に昇れず、昇進は滞っていたものの、官人としても歌人としてもすでに一人前であった。であるから、父の死に際しても強い悲しみが表に現われることなく、静かにその死を看取っているが、日記の筆致は決して冷たいものではない。

一一月二五日の夕方、同母の兄成家から連絡を受け、病気が悪化した父の許に駆け付けた。熱が高く、顔の右側がひどく腫れ、食欲もほとんどないという。すでに頼み無しということで、死の場所として用意された法性寺の辺りの堂にお移しすることになった。一旦、自宅に戻った定家は、翌二六日朝、父が法性寺に入ったと聞き、九条の別邸で姉の健御前を拾って法性寺に駆け付けた。ちょうど着いたところで、重体でありながら遠路運ばれた父は、顔色も大変悪く、ほとんど前後不覚の状態であった。さらに移された場所も荒れ果てた堂廊で、健常の身でも寒さが堪えるようなところだったが、兄と姉が看病に残った。

翌二七日、朝早く父の許に出かけたが、昨日と異なり体調もよく、会話は和歌の話にまで及んだ。そしてその日は、俊成の娘たちなどが続々と見舞いに訪れた。最初

図3　俊成図（俊成定家為家図、伝土佐光長筆、冷泉家時雨亭文庫蔵）

に参議で右衛門督・検非違使別当を兼ねる源通具の妻となっている孫娘（通称「俊成卿女」）が夫とともに訪れ、ついで閑王御前（上西門院五条局）・龍寿御前（斎院大納言）・愛寿御前ら姉妹たちも駆け付けた。二八日にも定家は朝から見舞ったが、終日苦しまれ、食事もとれなかった。翌二九日には、俊成の病が重篤なのを聞いた前摂関の兼実より呼ばれ、臨終の準備に怠りがないように、特に善知識は人を選ぶこと、また骨の痛みによい治療法があるから試してみるようにと仰せを承り、退出した足で父の許を訪ねた。この日、熱が高い父から雪が欲しいと頼まれていたことを思い出し、家人に探しに行かせ、北山で見つけて送り届けてきた。この日も姉の六角尼上らが見舞いに訪れ、夜は延寿御前（民部大輔源頼房の妻）も残られるとのことだった。

三〇日、見舞に出かけようとしていた定家のところに使いが飛び込んできた。あわてて父の許に駆け付けたが、すでに念仏の声が流れてきており、いそぎ枕元についたが、すでに目を閉じられていた。定家は、姉の健御前から父の臨終の様子を詳しく聞き、次のように日記に記している。

昨晩、お父様が欲しがっていた雪をお出ししたら、とてもお喜びになって、よく召し上がられました。「おいしいね。何とも言いようのないくらいだよ」なおも欲しがられ、「おいしいおいしい」とおっしゃられるので、これはいけないと隠さなければならない程でした。

夜半にまたお求めになられたので、お出ししたら、皆の心遣いが感じられてとてもうれしいとおっしゃられ、その後お休みなられました。お付きの僧が念仏を唱え続けておりましたが、夜明け頃でしょうか、突然、「もうお別れの時が来たようだ」と突然おっしゃられたので、急いで起きて枕元に参り、「お苦しいのですか」とお尋ねすると頷かれました。「それならば、念仏を唱え極楽へ参られるとお思いください」と申したところ、また頷かれたので、「お座りになりたいとお思いですのね」と申し上げると、そのようなお顔をなさいましたので、お付きの者を呼びました。この者は近く参っても何をしてよいかわからないままだったので、お父上は自ら「抱き起しなさい」とお命じになられました。

私はしばらく元のところで横になっていたところ、延寿御前が、「お父様のお顔が」と言うので、また起き上がって様子を窺うと、大変苦しそうにしていらっしゃるので、近くの僧に念仏を唱えるようお勧めして、と命じました。お父上は念仏を唱えられ、安らかなお顔になり、お亡くなりになられたのです。

以下、納棺から埋葬まで、そしてこの後の仏事の段取りなど詳しい記事が続くのであるがこの辺にしておこう。この父の臨終の場面は、女房日記文学の一つ『たまきはる』の作者でもある姉健御前から聞いた内容を、仮名を交えながら、その様子が目に見えるように記しており、さすが定家と言いたくなる部分である。ただし、官人としての職務の記録という王朝日記の本来の目的からすれば、不要なものではないだろうか。前後の内裏や女院などへの出仕の記事とは異質な部分となっている。たしかに俊成という不世出な歌人の最期を書き残しておくことは、歌論書や歌道説話のネタにはなるであろうが、公卿をめざして、公事の研鑽のために記している日記に書きとどめるべきことなのだろうか。

例えば、臨終の記事に続く、納棺に際して、棺を覆う蓋に釘を打つ際、その釘の数は一〇本であり、一本の釘に一打、石で打つといった記事（一二月一日条）は、納棺の作法として次の機会にも役立つ情報であるが、重体の俊成が雪を食べたがったという記事が何かに役立つとは思えない。これは定家が書きたかったから書いたという理由しか思いつかない。そしてこの時代、実用的な知識・情報をストックするための装置と言ってもいい日記であるが、それを越えて書きたいから書いたと思われる記事は、定家に限らず結構あるように思われる。そのような記事が、彼らの日記を面白くしているからこそ、現代の我々のみならず、当時においても日記が読まれる存在になっているのではないだろうか。この時代の物語や説話、日記文学など仮名の作品群との境界は意外に低いという気がしてくるのである。

三　元気な姉様たちのこと

『明月記』前半の面白さの一つは、定家のたくさんの、そして元気な姉様たちが登場することにあると思う。総勢一四人以上、以上と書いたのは定家自身が把握できていない姉妹が他にもいた可能性があるからである。当然母親も八人以上となり、一重に平安末の在原業平ともいうべき父俊成のおかげである。一応、**表1**に整理してみた。

二〇歳以上離れた姉が四人、いずれも定家とは母親が異なる。母親が異なるからといって疎遠ではないことは、この定家シスターズを見るとよくわかる。

長女と思われる後白河院京極局は、院に近侍して取り次ぎをこなすばかりでなく、保元・平治の乱か

表１　俊成の娘たち

	女房名	母	定家と年齢差	通称他
1	後白河院京極	他腹（為忠女）	＋20歳以上	藤原成親妻
2	八条院坊門	他腹（顕良女）	＋20歳以上	三条坊門尼公か？
3	二条殿青女房	他腹（不明）	＋20歳	二条殿青女房
4	斎院女別当	他腹（不明）	＋20歳	
5	八条院三条	同腹（親忠女）	＋14歳	五条上、藤原盛頼妻
6	高松院新大納言	同腹（親忠女）	＋12歳	祇王御前・六角尼上・六角殿、藤原家通妻
7	上西門院五条	他腹（養女）	＋11歳	閑王御前・安井尼上（承元元年８月25日逝去）
8	八条院権中納言	他腹？	＋９歳	延寿御前、源頼房妻
9	八条院按察	他腹？	＋８歳	朱雀尼上、藤原宗家妻
10	八条院（建春門院）中納言	同腹（親忠女）	＋５歳	健御前、藤原伊輔妻？『たまきはる』の作者
11	前斎院大納言	同腹（親忠女）	＋４歳	龍（寿）御前・大炊御門斎院大納言
12	承明門院中納言	同腹（親忠女）	－２歳	愛寿御前
13	二条院兵衛督	他腹（近衛院備前内侍）	？	源隆保妻
14	建春門院左京大夫	他腹（禅智法印女）	？	
15	女御殿大貳	他腹？	？	

ら清盛のクーデター、そして木曽義仲や源頼朝との対立など、危機連発の後白河院を支えてきた女房であった。治承四年、清盛に幽閉された後白河に近侍することを許された二人の女房の一人であったことからも、院がいかに頼りにしていたかがわかろう。

定家の同母の姉の一人健御前（八条院中納言、表1の10）が、高倉天皇生母である建春門院平滋子のもとに出仕した際、まだ一二歳の彼女を後見し、何かと面倒を見たのは、この京極局であった。健御前が著した女房日記『たまきはる』には、女院の御幸の際に出車に同車する女房の人選にまで意を払い、時にクレームを付けるこの姉のことが記されている。後白河院の息のかかる女房界のドン的立場にある彼女は、同腹・異腹関係なく妹たちを各御所に押し込んでやり、いつも眼を光らせて守っていたに違いない。女房界に入ったシスターズにとって実母以上に頼りになる存在だったようである。

彼女たちが生きた時代は、保元・平治の乱から平氏政権、そして武家政権の成立など、さまざまな政治的な事件が連続し、個性豊かな男たちを輩出した激動の時代であったため、ついつい見落とされがちであるが、宮廷や権門に仕える女房たちも個性を競い合った時代であった。古代の残照の中で、静かにその成熟した美を深めていた平安中期の紫式部たちに対して、豪奢で華やかなイベントで美を競うばかりでなく、時に命をかけて天皇や院とともに宮中を脱出し、なかには戦陣となった宮廷で命を落とし、遠く西海の波に身を沈めなければならない女房たちもいたのは周知のことである。

女房の数も平安中期に比べると、半端なく多かったのではないだろうか。道長の頃には、天皇の生母だけしか許されなかった女院も、一二世紀に入ると対象となる女性が拡大し、瞬間的ではあるが、九人もの女院が同時に存在した時期があった。それぞれの女房団の規模は異なってはいたであろうが、『たまきはる』の記述などを参考にすると、常勤・兼任含めて三〇～六〇人くらいの上・中﨟の女房たちが勤めていたと考えられ、それに天皇・東宮に、複数の院や前任も含めて京に在住の斎院・斎宮、それに摂関家や宮家などを合わせると、その数は膨大になる。印象的な数値であるが、道長の頃と比べるとはるかに大勢の女房を必要としていた時代ではないだろうか。中世後期になると将軍家が加わるものの院・女院の数は減り、斎院・斎宮もなくなってしまうから、人数ははるかに縮小化する（その分、尼が増加するが）。

彼女たちの中には、当然歌人がおり、音楽の名手や能書家がおり、物語・説話作家も大勢いたことであろう。何よりもそれらを享受する、いや享受しなくてはならない仲間たちが大勢いた時代である。中には御所の経営、主家の世話だけではなく、女房たちの管理や所領の運営、他の女房団との外交的な交渉などにも長けた女性も大勢いたことであろう。『たまきはる』には、三河という女房の管理に秀でた敏腕の女房のことが記されているし、定家の姉八条院坊門局も御所で行われる年中・臨時のさまざまな行事の次第や作法に精通した女房であったことが、『明月記』に記されている。何よりも健御前が著した『たまきはる』こそ、このような女房の世界に通じた彼女が、自らが働く世界をその同僚たちの姿とともに誇りと愛惜をもって書き残した作品であったと思われるし、鎌倉期に入って残された中務内侍や弁内侍の日記を見ても、そのような伝統が連綿と維持されていったことが知られるのである。

健御前は、定家より五歳年長の姉であるが、シスターズの中では同腹でかつ定家と年齢が近かったこと、それに共に文学的才能が豊かだったこと、さらに性格がかなり似ていたこともあって、定家はこの姉を親しく思い、『明月記』の中でも最も頻繁に現れる女性の一人となっている。

ただし、彼女は芸術的センスが優れているというだけではなく、明晰で物事の筋道をはっきりさせないと我慢できないタイプ、そして自分が思ったことをはっきりと口に出してしまう女性だったらしく、そのため勤め先では必ず誰かとぶつかりトラブルを生じてしまったらしい。とても気に入っていた建春門院の御所は、女院の死によって辞めなければならなかったのであるが、その後、前斎院好子内親王の御所に出仕するも、そこを取り仕切る栄全という僧と仲が悪くなり、結局追い出され、その後しばらく養女となっていた姉坊門のもとで無聊をかこつのも、彼女のそうした性格が災いしたようである。この間、シスターズは全力で彼女の求職活動を行なっていたと推測され、その結果、すでにシスターズ中四人がお世話になっている八条院に彼女も拾ってもらうことになる。彼女は『たまきはる』に、八条院の御所に仕える者は、以前乳母だったとか、昔のコネをつたって出仕している者が多く（彼女もそうなのだが）、女院がおおらかな性格であることをいいことに、勤務状況も仕事内容もいい加減な者が多いとか書いているが、それを彼女は日常で公言していた可能性がある。この書を彼女の死後に見つけた定家が、「とても人には見せられない」と奥書に認めたのもむべなるかなである。

王朝貴族社会においては、「家」を継承する男性の貴族たちの官職や昇進状況などが系図や補任類の表に記され、現代の私たちはそちらの方にとらわれる傾向が強いが、この時代、できの悪い男子よりも、女の子たちをどんどん女房界に送り込んで、その「家」の維持をはかる貴族たちがいたことには注意を払うべきであろう。この時期の俊成の「家」もそうであるし、時代を下って閑院流藤原氏の清水谷家などは、実持から長嗣にかけて、娘たちを持明院統の天皇家の後宮や女院、例えば永福門院や延明門院・徽安門院・広義門院などの御所に数多く出仕させており、同じく洞院家の庶流実明から実泰にかけての代においても、やはり持明院統の後宮や女院に多くの娘たちを出仕させている。このような女房の供給源となっている「家」は捜せばまだまだ見つかるであろう。

さて、やっとのことで再就職した健御前であったが、筋の通らないことに絶対我慢できない彼女は、この八条院の御所でも再びトラブルを巻き起こしたようである。特に藤原宗頼の妻という民部卿局とはそりが合わなかった。

正治元（一一九九）年正月一一日、八条院が石清水八幡宮に御幸され、還御されたところで、この民部卿局が健御前の腹に据えかねることを引き起こし、一悶着あったようである。定家はこのことを聞き及んで、「姉様またやったか」とでも呟いたではなかろうか。日記には、「こんな口げんかばかりの宮仕えではどうしようもないだろうに」と呆れ気味に記している。

定家に限らず、当時の貴族たちは日記に記したことについて、誤っていたり、後でその事情が判明したりすると、その日記の箇所に戻って付記しておく習慣がある。定家も後年この時の事情を知り、どうも「不善」の人が、「存忠寓直」な人、つまり健御前を御所より追い出すために、健御前が何かとひどく民部卿の悪口を言っているという手紙を民部卿に送り付けたことに端を発したらしいと追記している。

こんな一本気の姉様であったから、敵も多いが信を置く人もまた多かったようである。建暦元（一二二一）年、五〇歳の定家は長年の望みであった従三位への昇進をこの姉に頼んでいる。彼女は、『たまきはる』にも記しているが、後鳥羽院の随一の権門女房、卿二位とは直接話ができる立場にあった。この運動は成功し、九月八日、定家は従三位に昇り、かつ侍従の職を兼ねることができた。日頃、定家は卿二位に対し、「狂女」など散々な物言いであるが、私たちはこの時代の男たちの日記から彼女のイメージを作りすぎているのではないかと思う。この時、彼女の所領を裏取引に使ったと考える向きもあるが、あまり関係がないのではないだろうか。翌年、健御前が病気が重篤に陥った時、卿二位は二度にわたって、健御前と藤原伊輔の間の娘と思われる女房を見舞いに寄こしている。彼女は自ら相伝していた荘園（細河荘と讃良庄）を兄弟の成家と定家（共に非参義）に譲りたかったのであろうが、公卿にもなっていない、権門の庇護もない二人に譲ってもこの後どうなるかわからないという不安があったのであろう。恐らく卿二位に託して、二人にも一程度の収入を確保しようとしたようであり、当時としては順当な先を読んだ行為であった。

彼女は、この重病に際して訪れる見舞客に対し次のように言い放っている。

「皆様、もうお出でにならなくてもようございます。もし私のことを思っていらっしゃるならば、極楽でお目にかかれるようにお祈りくださいませ。今生ではもうお目にかかることもございませんせん」

なかなか気っぷのいい、頼りになる姉様である。

四　娘と息子

定家は、案外家庭的な人だったかもしれない。

日記は、全体として何か一つの目的をもって書くものではないので、実に雑多な情報が含まれている。それが大部なものであればある程、長い期間にわたることもあり、記主の関心も自ずと時期によって変化しながらさまざまなことがそこに書き込まれていく。日記を読む際、すみずみまで満遍なく読んでいるつもりでも、実はその時持っている関心で目を通している場合が多いので、しばらくおいて再び読み返すと、別な関心が生じているためか、それまで気づかなかった記事が目に入ってきて、新鮮な感じを受けることが多い。特に記主自身の性格や人生・生活に関わるような部分にそういう印象を持つ。それは、こちらもいつの間にか年をとっており、藤原宗忠のところで書いたように、若い時には想像すらできなかった老いや人生の苦みというものを経験し、そういったものを日記の中にも読み取れるようになったためでもある。それが日記を読む楽しみの一つでもある。

この定家の日記を、最初に読んだ頃は、『新古今集』編者の大歌人として教科書に載っているような有名人の日記という、ある種の偏見のもとに読み始めたが、意外に和歌関係の記事は少なく、他の貴族たちの日記と同じように、儀式の作法や故実などについて多く記され、また自身の官人としての昇進にこだわっていた俗っぽい人、という印象が残った。次に読んだ時は、卒論の指導をしていた学生が、

『明月記』を通じて定家の病気や当時の医療のことなどを研究していたこともあり、随分病気がちな神経質な人というイメージができた。そして私自身が中世の宮廷の女房に関心を持つようになって読み返すと、女房についての記事が他の日記に比べ格段に豊かであり、定家を支えていたもう一つの世界が見えてきたような思いがしたのである。まだまだこの日記には隠された世界があるのであろう。

中世の貴族社会にはさまざまなタイプの「家」が存在していたようで、『公卿補任』などの補任類から読み取れる摂関家以下の公卿・官人を出す「家」や和歌・詩文・音楽・蹴鞠などの芸能によって宮廷に仕える「家」、そして多様な武士の「家」に加えて、本来妻帯しないはずの僧の「家」などについてもその存在が明らかにされている。そして、前述したように宮廷の内外に活動する女房たちを輩出し、それによって支えられた「家」というのも存在していたと見ていいようである。定家の「家」もそのような女房の「家」であった可能性が高く、だからこそ日記の中に一族の女性以外の女房たちも多数その消息が記されるのであろう。当時の貴族社会に存在する「家」は、どれか一つのファクターだけで成り立っているのではないようで、定家の「家」の場合、公卿の「家」、和歌の「家」、そして女房の「家」の少なくとも三つの要素で構成されているが、中世という激動の時代においてはその要素が多ければ多いほど、生き残れる可能性が強かったように思われる。

話を元に戻そう。

定家の姉妹がそのような女房として活躍していたことはすでに触れたが、定家の娘も同じように幼い時から女房として送り出され、人数は少ないものの、女房の「家」として維持されていたようである。

定家には母親を異にする娘が複数おり、そのうちの何人かが女房として出仕したようであるが、現存の『明月記』にその活動が継続的に記されるのは一人、為家の同母の姉で、女房名を民部卿と称した女性だけといっても過言ではない。

この時代、娘がいるからと言って即女房に、という訳にはいかなかったようである。特にその「家」の将来がかかっている場合、やはり適性というものを見極めた上で周到に準備して送り出すことになる。室町時代、『建内記』の記主である万里小路時房は、自分の娘の将来をどうしようか思案した際に、この子は容姿がよくないので残念ながら尼にするしかないと日記に記しているが、この室町時代の常識がそのままこの定家の時代に当てはまるとは限らないであろう。その女房の主人が男性か女性かによっても、その適性が変わってくる訳で、時房の時代、女院がほとんど置かれなくなり、その出仕先に内裏・院、もしくは室町殿といった、男性が主人である御所を想定せざるを得ず、まずは容姿が重要と思っての判断だったようである。ただし、鎌倉時代以前と違って、室町期の尼寺は、多くの尼門跡を中心に当時の女性たちの立派な就職先になっており、女性にとって決してネガティブな職場ではない。

定家の娘の適性も、前述の定家の姉たち、まさに現役でベテランの女房たちがチェックしたであろうし、これも適性の一つであるが、その母方（定家室）の家柄も、藤原実宗の女で後に政界に君臨する西園寺公経の姉妹であったこと、そしてこの女性の母親、つまり母方の祖母にも女房の経験があったことなど好条件が重なっていた。

すでに五、六歳の頃に女房への道をスタートする。最初は、後白河院の皇女で前斎院式子内親王の御所が選ばれた。これは定家の姉龍寿御前（前斎院大納言）が出仕しており、定家も出入りしていたので安心して託せる場所として考えられたようである。しかし、式子内親王は建仁元（一二〇一）年に亡くなってしまい、改めて元久二（一二〇五）年、一一歳で出仕を始めたのが、後鳥羽院の御所であった。

『明月記』を開いてみよう。

一一月八日、院に参上する準備が整えられ、亥時（夜の一〇時頃）に院が戻られたという連絡が入り、夜が明けるほどに彼女らを乗せた二両の車は出発した。御所では、すでに彼女の母方の祖母が前々から知音の新大夫という女房に段取りを整えてもらっており、やがて院の御所に入った彼女は、院の女房たちに挨拶をし、これも祖母の段取りであったが、院との間に斎院礼子内親王を生んだ坊門殿という女房に、裳の腰紐を結んでもらい、無事女房となる儀式を終えて戻ってきた。このあたりの様子は、前述の『たまきはる』に描かれている、定家の姉中納言が初めて出仕した時の状況と同様のことがくり返されたであろう。二二日には、やはり祖母に付き添われ、院の御所に向かい、身の回りの道具などを拝領しているが、その後しばらく彼女の記事は日記に見えず、本格的な出仕は翌建永元年の六月一八日以降のことのようである。この日まず後鳥羽院の生母七条院のもとに挨拶に行き、夜に入って院の御所に参り、名謁、つまり女房たちの点呼を受け、七月一七日には、院自らお決めになった女房名、民部卿をいただいて正式な女房として出仕を始めることになった。この名は、「家」の祖で大納言の地位にあった長家（道長の子、定家の四代前の先祖）が兼任していた官に因んだものであり、沈淪している一流の中で最も華やかな先祖の官職名を付けていただいたことに、定家は過ぎた恩寵であると手放しで喜んでいる。そして一一月九日には、女房の番に加えられたと娘から連絡があり、ひとまず順調なスタートを切ったことに胸をなでおろしたということであろうか。

承元年間（一二〇七～一一）は、日記の残り具合もよくないので、彼女の女房としての出仕状況はよくわからないが、建暦年間（一二一一～一三）に入ると、彼女も十代後半、一人前の女房として信頼されるようになったらしく、建仁二（一二〇二）年に叙爵し官人としてスタートした弟の為家も左少将に任じられ、共に評判がいいと内裏の女房から耳打ちされて、父親としてまんざらでもなかったという記事が日記に記されている（建暦三年六月一四日条）。またこの時期、もう一人の妹も新中納言という女房名で出仕を始めており、日記の中での記事は少ないが、姉と共に期待される存在であったことがうかがわれる（同前一一月一四日条）。

この時期、定家の教育パパ的な一面を伝える記事が日記に見える。

「辰時（朝八時ごろ）、家族を連れて大内裏に出かけた。賭射《のりゆみ》の儀式の際に近衛の少将が行なうべき作法などを為家に少々教えるためである。また娘たちも連れていった。御所での朝餉《あさがれい》（天皇・上皇の朝の食事）の作法について、祖母の教訓を受けさせるためである。ひと時ほどして帰宅した。」（建暦二年二月一〇日条）

原文では「大内」（大内裏）とあるが、実際は内裏のことであろう。この時期、天皇は日常的には大内裏の外の里内裏で生活しており（順徳天皇の場合、三条烏丸殿）、大内裏内の本来の内裏は、即位式や方違などで一時的に使用されるにすぎず、いつもはがらんとしていたので、このような実地訓練に利用されていたようである。

民部卿は、女房としての才能には恵まれていたが、主人運はよくなかったと言わざるをえない。

✣✣✣✣✣✣✣

彼女が二七歳、まさに女房としてベテランの域に達し、御所において一目置かれる地位を確立したと推測される頃、最初の不運が突然訪れる。承久三（一二二一）年、後鳥羽院が承久の乱によって遠く隠岐島に流されてしまうのである。一時的に失職したと思われるが、能力ある女房はどの御所でも欲しかったのであろう、一掃された後鳥羽の皇統に替わってスタートしたその兄の後高倉院の皇女で、貞応三（一二二四）年に女院号を宣下された安嘉門院の御所に再就職することになった。

父定家も同様の不運に見舞われたが、受けたショックはこちらの方が深刻だったかもしれない。定家は後鳥羽院院政のもと、やっとなれた参議の地位にしがみつき、その筆頭までたどりついて、もう少しで権中納言というところだったのである。彼はすでに六〇歳に達していた。長年奉仕してきた九条家の当主道家は、順徳の皇子仲恭天皇の外戚で、その摂政の地位にあったため、一時的ながら逼塞を余儀なくされる。たとえ定家の妻の兄弟西園寺公経が権力の座に就こうとしていても、新しい皇統のもとで今までのような恩寵は到底期待できなかった。案の定、定家は翌貞応元年、従二位に叙されたとはいえ、参議の地位を去らねばならなかった。多くの前官や非参議（公卿への待機者）が公卿のポストを求めて押し合いへし合いしてる中に放り込まれ、権中納言への道がはるかかなたに遠ざかったことを実感したことであろう。後述するが、定家の中納言のポストへのすさまじい執着はこの時から始まったのである。

幸い息子の為家が、その人に好かれる性格が幸いしてか、新王朝のスタートと共に昇殿を許され、順調に（父親以上に）昇進して、嘉禄元（一二二五）年には蔵人頭に抜擢され、翌年には二九歳で参議に昇進する。父定家が蔵人頭になれず、参議となったのも五三歳であったから、その差は歴然であった。以後、右衛門督などの顕官を兼任しながら、一度も公卿のポストから離れることなく、嘉禎二（一二三六）年には権中納言にまで昇ってしまう。定家にとって、為家の順調な昇進はうれしくもあり、まだ望みを絶っていない自身の昇進への大きなプレッシャーとなっていたであろう。

民部卿は、幸い安嘉門院での女房としての出仕も順調だったようで、嘉禄二年の一二月一八日には禁色を勅許される。定家は、この日の日記に、女房として禁色を許された姉妹が十一人に及んだことに言及し、その名前や経歴を列挙して、まことに誇らしげである。まさに女房の家として面目躍如といったところであり、逆に現代の私たちは、禁色勅許がこの時代の女房たちにとって大変大事な、勲章のようなものであることを知らされるのである。

現金なのは、娘が禁色を許されたとたんに、定家は安嘉門院の御所での出仕に対する不満を日記に洩らし始めるのである。さらなるグレードアップを考えていた定家は、復権した九条家の道家の娘竴子が中宮として後堀河天皇に入内することを聞きつけ、その女房の一人に加えてもらうよう運動し、何とか成功したのであった。定家は日記に、西園寺公経からこの話が来たこと、その出仕にはずいぶん費用がかさみ、台所事情の悪い定家の家では負担が苦しいので、後堀河院の生母北白川院藤原陳子や道家の北政所綸子（公経の娘）などからの援助も取りつけたことを記し、仕方がなくなってやるかのようなポーズをとっているが、内心は、しめしめ、といったところではないだろうか。

寛喜元年一一月に出仕を始めた頃、道家の長子で右大臣の教実（といっても二〇歳である）が、彼女を評して「何事につけても穏便で、でも言うべきことをはっきり言われるので、まわりの女房たちが恥じ入ってしまい、誰も逆らえないようだ」と言われたことを聞きつけた定家は、「年の功だね」とそっけないが満更でもなさそうである。ついでと言っては気の毒であるが、姉民部卿をサポートさせるために、一歳違いの妹香も中宮の御所に出仕することになった。彼女はこの後も女房名で記されることはないので、姉の局女という待遇であったかと思われるが、もうひとり一人前の女房を送り出す程、定家の家に経済的な余裕がなかったというのが実情かもしれない。この香の出仕も、定家の力だけではなく、石清水八幡宮の別当家の宗清の後援がなかったら実現できなかったようである。

寛喜二年七月三〇日、香が出仕した直後であるが、夜中に姉の方から急な連絡が入った。

「香が、昨晩鏡を落として割ってしまいました。禁忌があると聞いていますがどうしたらよろしいでしょうか」

父親らしく定家はアドバイス。

「昔、文治の頃、お父さんが六月祓《みなづきばらえ》に出仕した際、やはり鏡を落としてしまい、半分ほど壊れてしまったことがあった。恐れながら当時の関白兼実様にお伺いしたところ、『たしかに忌み憚るという俗説はあるが、確かな典拠は見たことがない。とにかくその鏡を鋳直せばよいから、職務に戻りなさい』とおっしゃられた。別段その後も祟りなどなく、ひとまずその鏡は鋳直して日吉社に奉納したのだよ」

何事にも日記を博捜し、確かな先例を求めて政務を執り行なった兼実らしいエピソードであり、兼実に仕えていた定家もその薫陶を受けていたことが知られる。

娘二人を送り込み、そろそろ落ち着いたと思われるこの寛喜二年の後半、定家は民部卿を通じて、その主である中宮竴子やその母綸子にお願いして、夫の後堀河天皇や関白に返り咲いていた道家（竴子の父）に自身の昇進をしきりに働きかけていたようである。時にうるさいばかりに。

除目が行われるという噂を聞くたびに、民部卿や為家に権門の意向を探らせようとする。どうも権門の人々も若干辟易して適当に答えていたふしがある。定家はそれを真に受けてますます思いを募らせるという悪循環で、子どもたちは巻き込まれていい迷惑というのが実情ではなかっただろうか。

一〇月二〇日、定家は「禅尼」を神社に参詣させて「年来の余執」を祈らせた。

そして娘に尋ねる。

「何やら除目ではなく、下名《おりな》の時に大事な官職が決まるようなのだが、お前は聞いていないかい」

「聞いておりませんわ」

夜に入って再び娘から連絡が入る。

「右大臣教実様にお伺いしたところ、確かに重要な官は下名に際して任ぜられるようですが、お父様の期待される欠員はないようです」とのこと。

二四日の娘からの手紙。

「一昨日右大臣様にお伺いしましたら、お父上の関白様（道家）もお気にかけていらっしゃるとのこと。ただその欠員が出るかどうかははっきりしないそうです。別に御所様（後堀河天皇）も父上の昇進を不快には思われてなさそうです」

二五日の娘からの手紙。

「昨晩、関白殿下がお出での際におっしゃいました。現在欠員がないので、この件はいまだ陛下に奏上していない。機会があったらとは思っているのだが…」

こんなやり取りが続いていくのであるが、民部卿局は姉の中宮のもとに出入りする右大臣教実と親しいらしく、そちらから入ってくる情報に老いた父は一喜一憂するのである。

年が明けて寛喜三年正月一二日、右大臣教実が、西園寺実氏（公経の子で権大納言兼右大将）とともに関白道家の邸に赴き、除目のことについて評定がなされたという話を定家は耳にした。二人が戻られた後、道家の御前に息子の為家が数刻伺候していたというが、父に何も教えてくれない、と愚痴を書き、娘にその辺のことをまた尋ねてみる。北政所様を通して殿下に伺っていただいたところ、はっきりとしたお話はないものの、「快然」のご様子とのこと。夜になってまた連絡。昨日の評定はそのようなものではない、とのこと。娘の方が若干親孝行のようである。

この年の二月一二日、中宮竴子は皇子を出産、その年の一〇月には皇太子に立てられ、翌年即位する四条天皇である。この機に民部卿は、典侍にならないかとオファーを受け、三月二九日に行われた女官除目で典侍に補任された。この時、中宮に参じた際に付けた貞子という名を『古今集』の女房歌人藤原因香朝臣（彼女も典侍であった）にちなみ因子と変えることを、為家を通じて願い出て実現した。この辺りは定家のこだわりであろう。

典侍というポストから来る重責のためか、それとも長年の女房生活の疲れが出たのか、九月二六日には、典侍だけではなく、彼女に仕える妹の香、それに彼女の異母兄光家（浄照房）の娘でやはり典侍に仕えている高諦が一緒に戻ってきて、皆で灸の治療を受けているのは面白い。現代のキャリアウーマンたちと一緒である。今だったら、マッサージかエステか、というところであろうか。

❖ ❖ ❖ ❖ ❖ ❖ ❖

翌寛喜四年の正月の除目で、定家は待ちに待った権中納言に任じられることになる。残念ながらこの年の日記はほとんど残されていないようであるが、大変な喜びようであったことは想像にかたくない。そして何より子どもたちがほっとしたことであろう。

除目が終わった翌日には、定家は拝賀・着陣を遂げている。当時、五位の蔵人であった藤原経光は、その日記に、拝賀と着陣を同時に行なうのは、参議の場合には例があるが、中納言の場合は聞いたことがないと記していぶかっているが、恐らくこれは、定家がとにかく一刻も早く権中納言として公事の上卿を勤めたかったため、あえて先例を無視して強行したもののようである。

すでに七一歳、承久の乱の直後、参議を辞してから一〇年以上たっている。それにこのポストは、そのまま居座る訳にはいかない、時間限定付きのものだったことはいうまでもない。若い時から公事に精励し、故実作法を勉強してきた定家がやっとそれを現場で試みることができる地位に就けたのである。

定家にとってひと時もゆるがせにできないという思いで一杯だったはずである。

幸いこの年は、先ほどの藤原経光の『民経記』がかなり残されており、公事の執行状況がわかるが、数えてみると日記が残っている八か月間に、三五回儀式・政務に参仕しており、そのうち二一回は上卿を勤めている。これは当時の公卿の勤務状況からするとかなりハイペースと思われる。これは、無理に中納言に任じてもらったのでそのご恩をお返しします、というのではなく、とにかく何でもやっておきたい、という定家の宿願によるものであろう。

強引に拝賀と着陣をこなした定家は、その五日後には早くも釈奠《せきてん》の上卿を勤めており、以後、上卿を勤めた主な行事だけ列挙していくと、二月に長講堂御八講《ごはっこう》僧名定めと長講堂御八講始、三月に仁王会《にんのうえ》の検校と季御読経《きのみどきょう》、四月に旬平座《しゅんのひらざ》に僧事、賀茂祭の祭除目《まつりのじもく》や警固、その解陣事《げじんのこと》など。七月の祈年穀奉《きねんこくほう》幣《へい》の日時・使定めの時は、一上（左大臣）以下大臣・大納言が皆辞退してしまったので、現任の権中納言では第七位の定家が引き受けている。八月は、小除目に天台座主宣下。一〇月には旬の平座といったごとくであり、これに日常のこまごまとした政務を担当している。

二月二二日に行われた法勝寺の尊勝陀羅尼供養には、公卿として権中納言の定家や参議の平経高（五三歳）が、行事の弁として平時兼（六七歳）が参仕したが、顔ぶれを見た後堀河天皇が、法勝寺で尚歯会（老人を敬うために催す詩歌の宴）でも開くつもりかね、とからかった。これは、若い公卿たちが公事をさぼることに対する皮肉かもしれないが、やはり老公卿の張り切りようは目だっていたのである。

公事に熱心で、主家の摂関家から藤原頼長の『台記』や藤原資房の『春記』などを借り出して勉強し、当時公事の神様と崇められていた小野宮流藤原実資への憧れが高じて夢で会ってしまったという定家が（『明月記』安貞元九月二七日条）、ついに果たせなかったのが、除目・叙位の執筆《しゅひつ》の役である。これは、すでにコラム1に書いたように、春秋の除目・叙位では、公卿筆頭の一上である左大臣が担当する役で、特に春の除目では、天皇・関白と対峙し、三晩にわたって複雑な作法をこなして、決定した人事を大間《おおま》書《がき》というリストに書き込んでいく役で、多くのギャラリーに注目され、公事に関心のある公卿ならば、一度はやってみたいという羨望の役であった。一二世紀までは、名門の出身というのみならず、公事に通暁したベテランの公卿が、左大臣の地位に長く居座って廟堂全体ににらみを利かしていた。彼らが、体調不調、もしくは穢れなどで参内できない時に限り、次席の大臣が代わって担当するというものであり、大納言にあってもなかなか普通は回ってこない役なのである。ただし、天皇が幼く、摂政が置かれて政務を代行する時、除目は摂政の直盧《ちょくろ》で催され（摂政儀）、その際の執筆は参議が担当することになるので普通の公卿にもチャンスが回ってきそうなのであるが、大体において文筆に練れた大弁を兼ねた参議が担当することになっており、普通の「家」の者にはやはり難しかったようである。

ところが、何故か為家にまわってきてしまうのである。

定家が権中納言に任じられた貞永元（一二三二）年から三年後の文暦二年、四条天皇はまだ五歳で、当然摂政が置かれ、道家の嫡子教実が就いていた。この間、摂政儀の執筆は、左大弁の平範輔が勤めていたが、前年に権中納言に昇進しており、その代わりを参議筆頭で範輔と同族の平経高が勤める予定だったのだが、除目直前の正月一九日、病気で出仕できないことが判明、教実は為家に白羽の矢を立てたのだった。

「その作法は、殿下自らご教授していただけるらしく、硯・筆・墨・笏文に去年平範輔が執筆として書いた大間書まで賜りました」と、もどって父親に報告したのはいいが、舞い上がってしまったのは、父の方だったようである。

定家は日記に記している。「天の音楽を聞くようだ」

また記す、「この日は夜遅くまで寝付くことができなかった」

マンガやアニメだったら、定家の眼にきらきらとハートマーク、頭の上には星がキラキラ、天使がファンファーレという感じ？

恐らく妹の竴子のところで為家のことを以前から知っている教実は、前々から一〇歳ほど上の民部卿や為家を兄姉のように信頼していたからであろう。当然父の大殿道家や後堀河院あたりの許可も得ていたはずである。この老父を驚愕させた人選も案外すんなりと決まってしまったところが、為家らしいと思う。後鳥羽院の時代には、蹴鞠ばかりやっていて公事や和歌を全然勉強しないと心配させられていたが、父親は、誰からも好かれ、何でもそつなくこなす息子の自分とは違うタイプの才能に気づいていなかったようである。

翌日から張り切りまくった父の特訓が開始される。なにせ本番は二三日、ほぼ三日しか練習期間がないのであるから、その気持ちもわかるが、結局、ミス無く無難にこなし、定家のみならず公卿たちを驚かせたこの一件は無事に終わり、教実からも「無為神妙」とお褒めの言葉をいただき、定家も一安心。

さらにあちらこちらで評判を聞いて回ったが悪いものはなく、何やら狐につままれた思いで定家も胸を撫で下ろしたのであった。

しかし、その二か月程後には、為家を抜擢した教実がこの世にいないとは誰も想像できなかったはずである。

✥ ✥ ✥ ✥ ✥ ✥ ✥

承久の乱で、一敗地にまみれた道家の九条家は、後高倉院の皇統と娘竴子を介して結びつき、西園寺公経のバックアップもあって政界復帰を果たした。やがて竴子と後堀河天皇との間に皇子（四条天皇）が生まれたあたりで道家の権勢は最盛期を迎える。しかし、歴史はいつも同じ歯車で回ることになるのであるが、権力が絶頂期を迎え、それが華やかであればあるほど、その転落はあわただしく、そして激しく訪れる。道家の一家と一緒に廟堂に復帰し、その地歩を固めつつあった定家の家もその波を受け、大きく戸惑うことになる。

その最初の波は、定家が権中納言に昇った年の翌年、天福元年九月、竴子（その年の四月に女院号を宣下され、藻璧門院となっていた）がわずか二五歳で亡くなってしまったことである。難産の結果であった。またしても民部卿は、仕えていた主人を突然失うことになった（前述したように後堀河天皇の典侍となっていたが、勤務の主体は中宮竴子であったようである）。そして三九歳の彼女はこれを機に出家してしまう。影のように寄り添って姉に仕えてきた妹の香も同時に出家を遂げている。

女院の急死の報せがみやこをかけめぐり、人々が右往左往する中で、「袈裟を用意して送ってください」という娘からの依頼が届いたとき、定家はすべてを察し、いらない言葉は加えずにそれらを整えて届けさせた。そして、官位に執着し、老体に鞭打って廟堂にしがみついてきた定家自身もその糸がぷっつりと切れてしまったのであろう、娘たちを追うように翌月には出家してしまうのである。

同じように糸が切れてしまった人が他にもいた。竴子の夫後堀河院である。妻が亡くなって一年もたたないうちに崩御してしまう。二三歳であった。そして前述の教実の死を迎え、道家は自ら再び摂政に返り咲き、幼い孫の天皇とともに、「家」の未来を再設計しなければならなくなるのである。

第四章　経光くんの恋 ─藤原経光『民経記』─

一　貴族は何を日記に書くのか

日記には、これは書き留めておこうという、耳目に入ってきた情報や知識に対して書き手が感じた価値が常に存在している。その価値が感じられなかったことは記されない。あまりにも日常的なこと、例えば健康な時にいつトイレに行ったとか、朝食に何を食べたか、のようなことは当然、日記に記されていない。

現代人の日記なら、恐らく恋愛のことは、相手が異性・同性に限らず、記されることが多いと思う。しかし、古代・中世の貴族たち（僧侶でもかまわないが）の日記にはあまり記されていない。結婚のことや、子どもが生まれた、というようなことはきちんと書いてある。その相手との出会いや馴れ初め、恋愛期間中の思いなどはほとんど書いてくれない。まあ、彼らの日記は本来職務のためのメモを残すことが目的だったのだから、そしてストックした情報や知識を子孫などに伝えることを目的としているのだから、物語でも書こうとかいう輩にしか役に立たない、この手のことなど記すに値しないと考えるのも当然であろう。それにその辺りのことは、彼らがやはり日常的に書いている和歌や漢詩の世界に吸収されているようなのであるから、日記に期待しても無駄である。

また、あまりにひどいこと、ショックなこと、つらいことなども、逆に日記に書けないかもしれない。たとえ書いていても、後に残さなかったという場合もあったかもしれない。

日本の場合、平安時代の半ば、一〇世紀あたりから日記が連綿と残されているが、満遍なくいつの時代も日記が残されているという訳ではない。例えば、摂関家に対する批判的な政治や荘園整理などで、教科書でも有名な後三条天皇の時代の前後、一一世紀の半ばころであるが、前の時代（道長の時代、『小右記』や『権記』などが残る）と比較しても、そのすぐ後の時代（院政が始まった時期、『中右記』や『為房卿記』『殿暦』などが残る）と比較しても日記の残り具合がよくない。後三条天皇も詳細な日記をつけていたらしく、室町時代くらいまでは伝えられていたらしいがその後行方不明であり、他にも源師房や藤原教通の日記なども断片的には残されているが、まとまったものはほとんどなく、一種の史料の空白期となっている。これは、偶然的なものと考えられるが、例えば承久の乱（一二二一年）やその前後の頃も日記が欠けている。後醍醐天皇の建武政権の時もそうであるが、後述するように社会的混乱が激しく、日記を記している貴族たち全員がその混乱に巻き込まれている時、日記の筆が鈍るか、残りにくくなるという傾向があるように感じられる。

二　初めての日記

すでに前章で出てきた藤原経光という貴族の日記『民経記』は、記主が一五歳の時のものから残されており、それも自筆原本で伝えられているので、当時の貴族たちが日記を書き始める頃の様子がうかがわれる貴重な史料となっている。大体、若年の頃の日記は、前述の宗忠のように、内容が拙いので後に清書してしまう際、職務に役立たない情報は写されなかったり、場合によっては破棄されてしまった可能性がある。また、そのまま伝えられても、やはり余り詳しくない記事は、後に記した同種の記事で済まされてしまい、櫃の底に納められたままいつしか失われてしまったものも多かったであろう。

今日説話集の一つとして扱われる『中外抄』という作品は、第一章・第二章に登場した院政期の摂関藤原忠実が折に触れて語った談話を書き留めたものであるが、その中に当時の貴族たちが日記を書き始める際の様子をうかがうことができる話が記録されている。

朝廷の職務を学ぶには、日記を書くことが大事であるが、そんなに身構える必要はない。紙を三十枚ほど張り継いで、大江通国のような学者の家司を傍らに控えさせ、「只今馳せ参ず」とか「今日天晴る、召によって参内す」などと書き始めて、知らない文字が出てきたら、通国に尋ねて書いていけばよい。そのような日記が二巻ほどたまれば、一人前と見なされようし、四、五巻にも及んだら、もう完璧である（久安四年七月一日に語った談話）。

これは摂関家の場合であるが、普通の貴族の家でも似たり寄ったりであろう。傍らに控えるのは父親だったり、兄だったりしたことだけが異なる点であったはずである。

経光くん（ここではあえてこう呼ばせていただこう）の日記は、嘉禄二（一二二六）年の四月から残されている。この頃の彼の日記は、いかにも日記を書き始めて間もないという雰囲気満載でほほえましい。七月に待望の内裏の昇殿を許され、内裏内での公事の見学が可能になったことからすると、やはりこの頃に父親から命じられ、本格的に日記を記し始めたのではないかと思われる。

現存日記の冒頭は、「くもり、たいしたことがなかった。」で始まる。

この頃、この「たいしたことがない」（別事無し）という記事が目につく。何か書こうにも、権中納言の父頼資の動向くらいしか書くことがないためであるから仕方がない。

五月一九日には、後高倉院皇女の安嘉門院（邦子内親王）の御幸（お出かけ）の行列を路頭で記録している。その記事の最後に次のように書く。

「僕はまだ一度も行幸や御幸にお伴をしたことがない。とてもとても悔しい。早く昇殿を許してもらってお仕えしてみたい。でも僕は出来が悪いからいつもこんな調子。ああ、こんな日記、人には見せられないな。しまっとこ。」

経光くん、すでに元服して従五位下に叙され、治部権少輔（治部省の次官補という官なのだがこの時期には治部省そのものが形骸化し、仕事はない）という官には就いているのだが、昇殿を許され、内裏に出仕しないとほとんど意味がないことが、逆に彼の日記から知ることができる。六月一三日にも、後堀河天皇の方違行幸《かたたがえぎょうこう》があったことを記しているが、簡単な記録で終わっていることをちょっと反省して「昇殿したら、このようなことは詳しく書かなくてはだめだね」と締めくくっている。

六月一一日、内裏では月次神今食《つきなみかむいまけ》が行なわれた。父頼資が中納言となって初めて神事の上卿を勤めるというので、経光くん、はりきって日記の筆をとっているが、父親がお伴の者を引き連れ、出かけていく様子と、明け方、戻ってきたことをがんばって書いて、最後に「儀式はとてもすばらしかった。後の参考に記しておく。もう月の色は秋に異ならない。更け行く夜に断腸の思いである」とその日の日記を締めくくる。どうも儀式そのものは見ていないようなのだが、思いは父と共にあったのだろう。

この「断腸」という言葉は彼の日記でよく感動した場面で使われる表現である。例えばこの語句を、東京大学史料編纂所のデーターベースの一つ、古記録フルテキストデータベース（編纂所で出版している『大日本古記録』という叢書に含まれる日記をすべて検索できる）で検索をかけてみると、六四例出てくるが、そのうち『後二条師通記』が一例、『中右記』が五例、『民経記』が五三例、『看聞日記』四例、『薩戒記』一例という結果で、圧倒的にこの日記で使用されており、他に「断愁腸」五例、「断心腸」一八例があるが、それらもすべて『民経記』で使用されている。『中右記』も記主の藤原宗忠が漢詩文を得意としていたため、結構詩的な表現が散見するが、これ程、パターン化した多用はしていない。

彼の属する日野流藤原氏は、代々紀伝道を家学とし、多くの学者を輩出してきた一門であり、彼も幼い時より漢詩文の教育をみっちり受けてきた（ちなみに宗忠の母もこの日野流一門の出である）。一五歳のこの頃には、一門の者たちとしばしば詩の会を行ない、その鍛錬に励んでいることが知られる。このような漢詩文的な表現を多用するところが、彼の若い頃の日記の特色の一つであるが、その定型的な語句はいま一歩、記録の表現としてはこなれていない印象である。

さて、七月七日、いよいよ昇殿を許されたという報せが経光くんの許に届いた。九日に正式な通知が届き、一一日にその通知を届けてくれた小舎人《こどねり》に対し、ご祝儀を与える儀式を執り行なった。父頼資が昇殿した時の先例を日記でしっかり勉強し、準備万端で臨んだのである。雑色《ぞうしき》は松明をかかげ、衣冠《いかん》の装束で剣を帯びた家人が居住まいを正す中、経光くんが内裏に乗っていく車が庭に引き出された。その日の記事の後半には、承元二（一二〇八）年閏四月七日、建保五（一二一七）年一二月二七日、貞応元（一二二二）年一一月六日と先人の先例が並べられ、なかなか貴族の日記らしくなってきた。

二二日には、父から殿上人としての作法を少々教訓されている。

「公卿の方々が殿上の間にいらっしゃる時は、そこを通り過ぎたらだめですからね」

「天皇さまがお出ましになられるときは、側近の殿上人だけがその場に残り、他の者はすぐ退出するように」

「蔵人頭が清涼殿の鬼の間に座している時は、渡殿にいてはだめだ、蔵人頭を見下す位置になるからね」

などなど、なかなか細やかな指導である。

そして八月一〇日、昇殿を許されたことのお礼にお偉方のところに挨拶回り（拝賀という）を行なった後、いよいよ内裏に参上し、殿上の間に自分の名が書かれた簡を付けてもらうことになった。夕方、親戚の者たちが集まってきて、簡を付ける作法を教えてもらい（ここにも作法があるらしい）、この日のために新調した束帯に着替えて出発である。傍らには指南のために叔父の宣実が付き添っていた。

まず後堀河天皇の生母北白河院が座す持明院殿へうかがい、ついでその娘の安嘉門院の許にも顔を出し、次に関白藤原（近衛）家実の御所へ行った後、参内。簡を付けるところまでは順調だったが、そこから立后したばかりの中宮（家実の娘長子）の御所に伺ったものの取次ぎの者がなかなか出てこない。事情を聴くと、その者は少年で今日はお腹の調子が悪くて出仕していないという。しばらく待っていたが埒が明かないので、父に連絡して拝賀せずに引き上げた。それでも彼は「無事に拝賀が終わった。よかったよかった」と記している。

殿上人として最初のお仕事は、八月一四日、内裏から派遣される七瀬の祓いの使いを勤めることであった。父と一緒に参内した経光くん、関白家実の控室に連れていかれ、ご挨拶。

父と共に関白の前で畏まった彼に対し、

関白「この子はいくつなのかね」

父「当年一五歳でございます」

関白はにこっと微笑まれ、経光くん、顔を赤くして恥じ入る。

「こんな誇らしいことありえない」と大感動。この後、天に昇るような気持ちで、祓いの場である一条川原へ出かけていったようである。

こんな感じで経光くんの長い貴族としての一生が始まったのである。

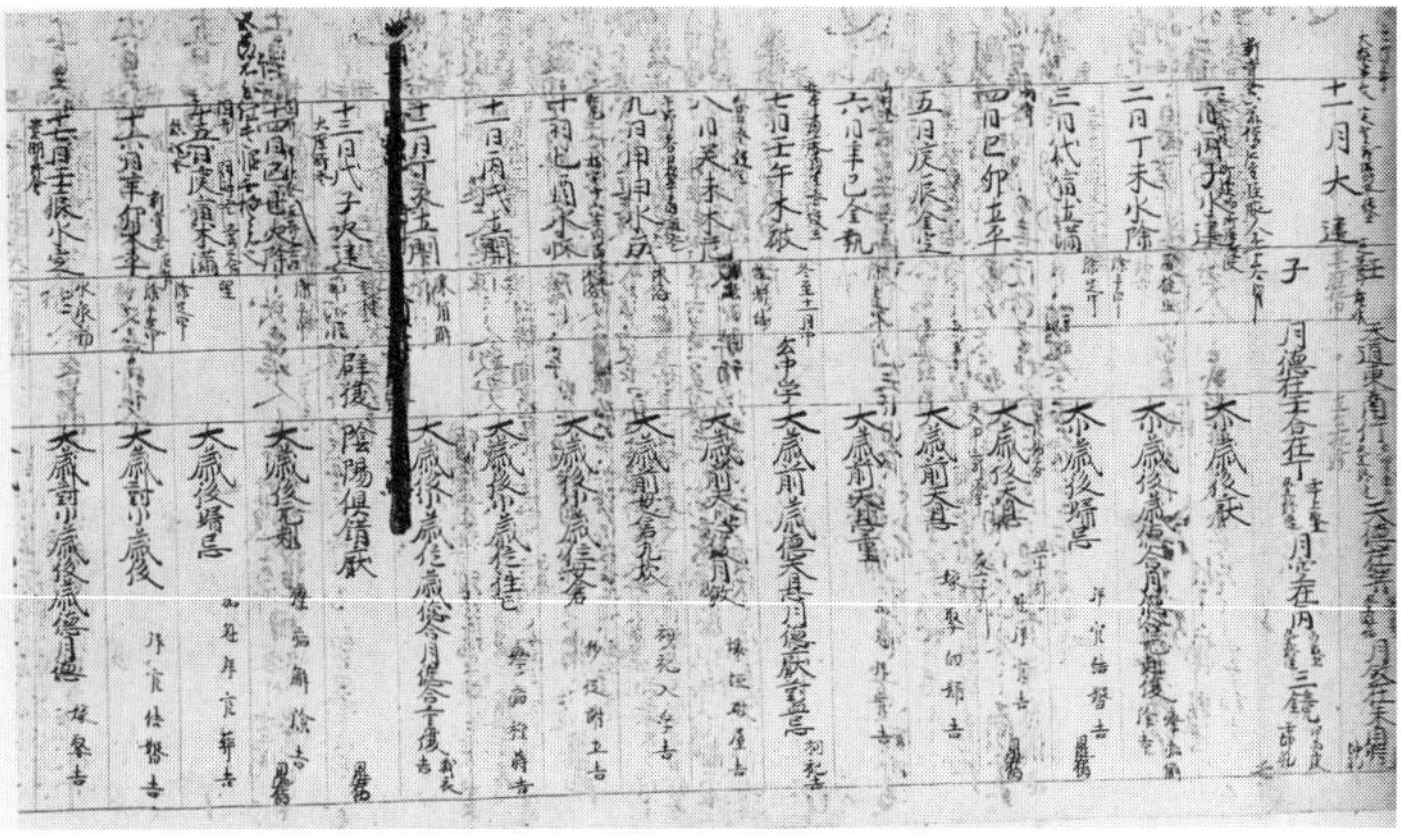

図４　『民経記』安貞元年暦記（国立歴史民俗博物館蔵）

三　初恋日記

生来真面目な経光くんは、一生懸命仕事に励み、日記をつけた。平安中期以来、日記は具注暦という暦の空いたスペース（間《ま》明《あ》きという）に書かれており、彼もその方法を踏襲していた。仕事のことがわかってくると、当然書くことも増えていく。

安貞元（一二二七）年、一六歳の時には自分に微笑んでくれた摂関家の近衛家実の家司に任ぜられ、仕事が増えて日記に書くことも俄然充実したようである。そういう場合、具注暦の間明きのスペースは限られているので、巻物の暦面の裏側に続けて書いたり、それでも足らないと、別紙に書いて暦のその日の条を切って、この別紙を切り継いだりすることになる。ただし、巻物のままではどっちみち後で参照するにも不便なので、彼は暦と日記の部分を分離して、暦は間明きのない一般的な暦を使い、そこにはその日にあったことを簡単に書くだけにとどめ、詳しい記事は別に用意した日記に記すようにしたのである。結果、暦の日記（暦記）と普通の料紙の日記（日次記）の二種類の日記が並行して記されることになった。そして翌年一七歳になって、後堀河天皇の五位の蔵人に任ぜられると、更に公務が増加し、出仕した日のことは日次記の方に詳しく記し、しない日は暦記に簡単に書くという方式を定着させていく。二種類の日記を同時に書くというのはなかなかたいしたものであるが、現代の私たちでいう、手帳と日記の関係と考えてよいのかもしれない。

寛喜三（一二三一）年、一九歳の経光くんは、相変わらず蔵人として忙しい毎日を送っていた。天皇のお世話だけではなく、蔵人方で行なうさまざまな行事の奉行を担当し、その設営や儀式の所役をこなさなければならず、さらに摂関家や複数の女院のところをまわって、いろいろ用事を承ることも多かった。

オーバーワーク気味でのんびりする暇もない経光くんであったが、正月九日、天皇の生母である北白河院が住む持明院殿という御所に参上した際、雷に打たれた思いがした。ある女性との出会いがあったのである。二日・三日にもこの御所に参上して女房の応対を受けているのだが、別段その名前を記していないところからすると、この女房とは別な女性だったらしい。取次の女房について、その名前を書き留めることにはある価値が生じているのである（営業で出入りする会社の受付嬢の名前を憶えているかいないかの場合と同じであろう）。

九日、彼は日次記の方に次のように書いている。

持明院殿に参じた。西中門廊のところで大夫局という女房にお目にかかり、しばらくそこで世間話をした。彼女の衣に焚き込めた香のよい香りが御簾の内から漂ってきて、もうたまらない。すごい美人（「傾城」）だ。この方は、左馬権頭平季繁の養女として女院の御所に女房として仕えるようになり、有能なので取り次ぎ役になされているということだ。とてもうれしい。

この女房に再会したのは、翌月の三日のことである。この日は自宅で休んでいたところ、亥刻（夜の一〇時頃）、急に女院の御所から呼び出しを受けた。あわてて駆け付けると例の大夫局が出てきて次のように語った。

「一条室町御所にいらっしゃる中宮（藤原竴子、道家女）さまが産気付かれたようなので、女院様がお使いをお願いしようとお呼びいたしましたが、ほんの今、少将家任殿がいらっしゃったのでそちらにお願いいたしました。早速駆けつけていただき誠に恐縮でございますが、今宵はもうご用は無くなりましたとの女院様の仰せでございます。」

空振りに終わった経光くんであったが、彼女と再会できた上に、寝殿の縁でしばらく立ち話ができたので満足だったようである。

待望の皇子が誕生したのは、二月一二日のことで、当然蔵人として参内すべきであったが、どうもかなり体調が悪かったらしく、この日から一五日まで自宅にいて、出仕した父頼資などからいろいろ聞いて詳しい記事を日次記に記している。

一六日に参内したが、やはり体調が思わしくなく、中宮御産の第五夜にも立ち会えず、自宅に帰っているが、翌一七日には、ちゃっかり北白河院の御所を訪ねている。ところが、女院が仏事でお出かけになり、残念ながら女房は皆そのお供をして出払っていた。得てして人生そういうものである。

二月二〇日に、父頼資のお伴で再び御所を訪れたが、どうも会うことができなかったらしく、二四日にまた伺ったところ、女院から大夫局を通じて、今度の二八日に誕生した皇子の顔を見るために、女院が中宮の御所を訪れることになり、その御幸の準備をするようにと命ぜられた。この時はしばらくおしゃべりができたようである。以後、二六日・二七日と御所に参じて、大夫局と会って御幸の準備の件を打ち合わせし、二八日、御幸の当日にも会っている。このように連日彼女と会って、経光くんの恋心はますます募っていった。

✤ ✤ ✤ ✤ ✤ ✤ ✤

はたしてこの恋はどうなるのだろう。

表2は、日記から、経光くんが、北白河院の御所を訪ねて、大夫局（寛喜三年一一月に女房名が督局と変わる）と会ったという記事をまとめてみたものである。彼女の名前は、前述の経光くんの二種類の日記のうち、日次記の方にのみ登場する。暦記の方では、同じ箇所にただ北白河院に参じたとのみ記している。

表に見えるように三月にも二度訪れて対面し、その時、「心事」（心に思っていること）を語ったという点、少し気持ちの進歩が見えるように思う。ところが、ここにおかしなことが一つ出てくる。それは次の四月になって、二つの日記の暦記の方の一二日に次のような記事が記されているのである。一応原文

表2　経光くんの北白河院訪問

〈寛喜3（1231）年〉

月日	場　　所	時　間	内　　容	日記の種類
1, 9	西中門廊座	数刻	大夫局と「世事」を「閑談」	日次記
2, 3	寝殿西面方の縁	?	「乍立」ら「言談」	日次記
2, 20	東中門廊	数刻		日次記
2, 24	西廊公卿座	良久	「雑談」	日次記
2, 27	?	数刻		日次記
2, 28	寝殿	?		日次記
3, 1	寝殿西妻	?	「心事」を閑談	日次記
3, 13	寝殿西妻	?	「心静」かに「言談」	日次記
4, 12	**某所**	**暁更まで**	**誰かと密会？**	**暦記**
4, 13	寝殿西妻	?	所労退出のため会えず	日次記
4, 14	**某所**	**暁更まで**	**誰かと密会？**	**暦記**
5, 2	**某所**	**暁更まで**	**誰かと密会？**	**暦記**
6, 10	**某所**	**終夜**	**誰かと「閑談」**	**暦記**
6, 15	**某所**	**終夜**	**九条辺から来た「傾城」と密会**	**暦記**
7, 19	西中門廊	数刻	「相共」に「雑談」	日次記
8, 3	西廊	数刻	「雑談」	日次記
8, 18	寝殿南面	数刻	「世事」を「雑談」	日次記
8, 22	寝殿西妻	数刻	「雑談」	日次記
11, 16	西中門廊	数刻	「雑談」＊これ以前に督殿と改名	日次記

のまま示しておく。

「入夜聊有下習二在羽林之遺跡一事上、非レ無二其□□一者也、于レ時月明雲収、臨二暁更一、叢露先點初、欲レ帰之顔自□□…□□為之如何、帰□□…」

『大日本古記録』に所収されている『民経記』の活字本では、原本の状態が悪く読めない部分が多いので残念であるが、「夜に入りて聊か在羽林の遺跡に習う事あり」という文章の中の、「在羽林」は羽林、つまり右近衛権中将であった在原業平のことを指し、その「遺跡に習う」というのは、恋の遍歴を繰り返し、情熱的な歌を残した世紀のプレイボーイ、業平のやったことを見習ってという意味であるから、女性に対する何らかのアプローチをなしたということであろう。もう一方の日次記では、この日どこにも出仕していないので、当然記事はない。「帰らんと欲するの顔」というのは、相手の女性が帰ろうとした時の顔色？　を表わしているのなら、この日明け方まで誰かと密会していたことになる。これは、日次記の方で恋心を持った大夫局と逢瀬を実現したのかな、と思わず期待するのだが、実は、翌一三日、経光くん、女院の御所を訪ねたものの、彼女は病気で退出し不在だったと記しているのである。さらに暦記の一四日、次のような記事が記される。

「入夜聊有二艶色之思一、所レ断二心腸一也、及二五更一、別涙掩レ袖□」

この夜、再び誰かと密会しているのである。そして、この相手らしき人とは、六月一〇日にも夜もすがら「閑談」し、「帰らんと欲するの涙、先ず袖を点ず、愁腸を断ずるのものなり」と別れに際し、涙にくれたと記しており、さらに一五日の暦記の方に次のように記す。

「入夜自㆓九条辺㆒傾城入来、去十日夜始遂㆓対面㆒、此両三日素□雲霧、于㆑時月明風涼、終夜聞㆓艶色之言㆒、断腸者也、臨暁更□□思堪而難㆑忍、傷思者也」

この女性は、九条の辺からやってくる「傾城」だそうで、この一〇日に初めて対面を遂げたという。この「傾城」という表現は、前述のように日次記の大夫局と出会った時にも使っているが、六月一〇日に初めて対面を遂げたというのがわからない。先に示した四月一二日と一四日の記事は何だったのか。もう一つ不思議なのは、大夫局は病気で御所を退出した後、表に見えるように七月一九日まで登場しないことである。経光くん、暦記に女性のことを記した一二日の翌日、しれっと御所に会いに行って彼女の病気で会えなかったと記しているが、実は前日の夜に密会し、一四日にも逢瀬を重ねていたのでは、と勘繰りたくなるがいかがだろう。

とにかく日次記を追っていこう。

七月一九日の日次記で、大夫局と対面し、しばらく雑談したのだが、その日の日記の最後に「件の女房、頗る傾城なり」と改めて書きつけている。八月は三度会っているが、その三度目の八月二二日には「日来参るといえども、心事に及ばず、数刻祗候の間、已に愁眉を披くものなり」と記す。日来は心に思ったことまではお話しできなかったが、今日は数刻ともに過ごし、私の思いを伝えることができた、といった意味であろうか。この記事を素直に読むと、暦記に見える逢瀬を重ねた女性とは別人と見なさざるをえない。

経光くん、まさか二股かけているの??

この女性が大夫局の名で現れるのはこの一二日までで、以後、この年では一一月二六日の日次記に、督殿という名で現れる女房が彼女であろう。表に見えるように、経光くんと対面する場所も、また彼が記す彼女に対する表現もほとんど同じなので間違いないであろう。

この時代、女房たちは仕える主人が変わり、別の御所に移った時などに、呼び名が変わったり、同じ主人に仕えていながら、上位の女房が引退したりすると、ランクアップした際に別な女房名に変わるというのはしばしば見受けられることである。彼女も、北白河院の御所内での地位が上昇したため、大夫局から督殿と呼ばれるようになったものと考えられる。

翌寛喜四年の日次記は、正月・六月・九月、それに一一・一二月の分が欠けているので、表を見る限り、月に一度くらい、彼女（督殿）に女院の御所であっており、美しい庭の風景の季節の移り変わりを愛でながら、彼女への賛辞を繰り返している。

次の貞永二年（天福元年）は、日次記は、正月と四月〜六月だけが残されているだけであるが、前年の一〇月八日以降は、北白河院の御所を訪れたという記事さえもなくなり、翌々年（天福二年）の正月一〇日に一度だけ、御所を訪れ彼女と会ったものの、公務の用件を伝達するばかりで、以後、彼女の記事は消えてしまうのである。

気になるのは、貞永元年の閏九月二八日に督殿と会った時、彼女が後堀河天皇の中宮（竴子）の父藤原道家を批判した話をしていることである。これは主人の女院の気持ちを代弁したものであろう。しかし、この直後の一〇月四日、後堀河天皇は位を皇太子、つまり中宮竴子が産んだ秀仁親王に譲位し、すでに関白の地位を寛喜三年に長子の教実に譲っていた外戚道家（大殿）の権力はここに完成する。経光くんは、幸い新帝の蔵人にスライドできた上、貞永二年正月二八日は待望の弁官（右少弁）に任ぜられ、将来への展望が開けつつあった時である。道家に批判的な北白河院の御所から足が遠のくのは、ある意味わかりやすいともいえよう。残念ながら、彼女から離れざるをえなかったのではないか。

経光くんの恋はこれで終わってしまったのだろうか。

✣ ✣ ✣ ✣ ✣ ✣ ✣

ところが、なのである。

寛喜四年（貞永元年）は暦記が残されていないのでわからなかったのであるが、貞永二年は正月から六月まで暦記が残されており、開いてみると驚いたことに、正月四日より再び女性との関係が連綿と記されているのである。記事の数は七〇近くに及び、特に五・六月はほとんど毎日のように現れる。ここでも経光くんは、彼女の名前を明かさない、ただ「傾城」と記すばかりで、時々「寵愛之女」とか「美人」とか言いかえるばかりである。二月二一日に次のような記事が見えている。

「夜に入りて寵愛の女入り来たる、慇懃相《あい》談ず、去年の秋ごろより始めて相見ゆ、その後遂日その志深まる、終夜愁吟、和哥の事殊に能く相存ずるものなり、連哥の如きも秀逸なり、貴ぶべし貴ぶべし」

この記事によれば、去年、つまり寛喜四年の秋ごろに出逢った人という。では、寛喜三年の暦記の人とは別人なのか？　当然、督殿でもないぞ。ちょうど彼女と遠ざかったころではないのか。

この日記を詳しく研究された尾上陽介氏は、この年の暦記について興味深い指摘をなされている。実は、経光くん、この女性のことを最初は暦記の表側に記していたのだが、前述の右少弁に任じた正月二八日以降、彼女のことを同じ暦記ではあるが、裏側に記すようになる。尾上氏によれば、彼は、プライベートな記事は暦記に書き、公務に関する記事は日次記の方に書くという書き分けを意識的に行なっていたのだが、念願の右少弁になったことを機に官人としての職責をより強く自覚し、私的な日記においても公事と情事を峻別する気になったのではなかろうかとされているが、その通りだったのであろう。

暦記の女性は、五月の初めくらいまでは、経光くんと夜を共にし、明け方戻っていくという逢瀬であったが、五月一二日の日記に「この両三日寄宿」と見え、二、三日泊まっていくようになった。そして五月二五日の暦記では、珍しく表に「この間寄宿の人あり、毎事記さんと欲するも能わず、秘すべし秘すべし」とあり、裏書には「今日も同じく留居す」と書いて、すでに共に暮らしているかのようである。そして、当初は得意の漢詩文の表現で、幾分大げさに二人の逢瀬を日記に書き付けていたが、それもだんだん姿を消し、最後の方は、一言「同前」、これは「留居」と同じという意味で記すばかりである。

名前も素性も記さないまま一緒に暮らすようになってしまった人。二人の間を公にして、結婚を祝してもらえるような間柄ではなかったのであろう。日記の奥へ奥へと隠そうとしたのは、単に公事と情事の書き分けだけが理由ではないかもしれない。

経光くんの書きぶりからすると、大夫局（督殿）を含め、三人以上の女性が存在していたように見えるが、それを信じていいのかわからない。経光くんはそんなタイプの男ではないようにも思える。

　何の根拠もないが、私は暦記の女性もすべて、日次記の女性、北白河院大夫局（督殿）であったと信じたい。専制的な道家の政権下、愛してはいけない人を愛してしまった経光くん、彼だけが知っておけばよい秘密を日記の中に仕込んでおいたのだろうと思う。

コラム3　日記を焼く、焼かれる

最近、近代の日記のシンポジウム(注)に参加した時、そこでのパネル展示で私の目を引いたのは、戦後日記を再開したある女性の日記の第一冊冒頭に記された、「三回に亘って家を焼かれ、東京はほとんど焼け野原と化してしまった。私も相当のものを焼いてしまった。なかでも一番惜しいのは日記帳だ。ああ惜しいかな、日記帳」という言葉であった。

第一の感想は、この思い、日本ではずっと繰り返されてきたのだな、というもの。例えば、室町時代の公家甘露寺親長は、自身の日記の文明二（一四七〇）年九月二日の記事に次のように記す。

「私の日記は、去る八月一日に鞍馬寺の旅宿で焼けてしまった。昨年と今年の分の日記だが、先祖の日記や歌集などもすべて焼失してしまった。それより前、七月一九日に勧修寺の旅宿が敵兵のために襲われ、そこで大事な文書や記録類を失ってしまい、ひどく落ちこんだが、次に石山寺に落ち延びた後、やっとこの鞍馬寺にたどりついたのに、またしても同様の災難にあったのである」

応仁の乱の勃発により、この親長のような災難に遭い、悲嘆にくれた公家は大勢いたことであろう。

さらにさかのぼると、本書でも第四章に登場する藤原経光の子兼仲も文永一一（一二七四）年六月、自邸が放火によって焼失、幸い文庫は類焼を免れ、移動式書庫である文車も大体避難させることができたが、それでも自分の日記や曽祖父兼光・祖父頼資の日記の半分ほどを焼失してしまった。その口惜しさを「歎中の歎、心中惘然の外他無し、哀れむべきものなり」と日記に書き付けている。

中世の公家の場合、日記はその「家」に伝わる大事な財産だから、その歎きは相当のものであったろうと指摘するのは簡単だが、それはそれとして、最初に示した近代の一市民の女性が空襲で日記を失った場合と、自身の日記を失ったことの喪失感についてみれば、その重みにはあまり差がないのではとも思う。日記の中には、自分の記憶では思い出せない自分も存在している。そこに閉じ込めたままの場合もあるが、いつか解凍したくなる時もある。それを失うことは自分が辿ってきた時間、自分が積み上げてきた歴史を喪失することでもあろう。中世の公家たちの場合、それは自身の生きてきた時間にとどまらず、父や祖父、そして曽祖父と、ずっとつながっているものなのであろう。

一方、前述のシンポジウムで伺ったもう一つ別なことも気にかかっている。それは、一昔前の女性たちの中には、結婚する時にそれまで記していた日記を焼いてしまうことがあったということである。不可抗力な災害や戦争で焼かれてしまった場合は、まだ仕方がないという慰めの余地もあろうが、自ら火にかけるのには、重い決意を感じざるをえない。

やはり日記の場合、捨てるだけではだめで、焼かなければなるまい、と思う。捨てるだけでは、まだ誰かに拾われ、中身を読まれる恐れがある。本ですら、それを焼くという行為には普通の人間なら大きな抵抗を感じる。戦前、ナチス・ドイツが行なった焚書という蛮行は、まさに中に書かれていたものを消し去ることより、焼くことのもつ象徴性を利用した許されがたい行為であった。日記を自ら焼くということには、書物の場合のような社会性はないにしても、日記を書いた本人にとっての意味は測り知れなく大きく、自分の人生に対する決意を伴なうものであろうと思う。

鎌倉時代の半ばに藤原経藤という中級クラスの貴族がいた。コラム2でも述べたように彼が属する勧修寺流という一門は、弁官など朝廷の事務部門に大勢メンバーを送り込み、その職務上日記・記録を大変大事にしていた人々であった。この彼は中納言にまで進んだ為経の長男として官人生活をスタートさせたが、残念ながらすぐにつまずいた。

弘長元（一二六一）年、二四歳の時、腹違いの弟経任（それも経藤の母が公卿の娘だったのに対し、経任の母は女院の下級の女房であった）に昇進を追い越されそうになり、その時は「弟が先を越すなら、ボク出家する」とだだをこねて、弟の昇進を止めてもらったものの、結局翌年追い越されてしまった。よほど屈辱と感じたのか、それとも単なる直情径行タイプの愚か者だったのか、経藤はさっさと出家してしまう。ただ彼の場合、出家するなら弟たちに譲り渡すべき亡くなった父から譲られていた「家」の日記をすべて焼き捨ててしまったことが一門において大きな問題となった。

父為経は、この一門の中で繁栄した一流である経房の子孫の嫡流的な立場にあったので、父祖代々の日記の自筆原本が多く伝わっていたと考えられる。一方、この時代には、その「家」の嫡流の地位を示すこれらは、兄弟間で一番昇進したものが相伝するという前代以来の伝統が残っていたらしく、どうも経藤にとって、軽蔑していた弟にこれらを譲り渡さなければならないことがたまらなく嫌だったようである。

すでに為経の兄弟らによってコピーは作られていたようであるが、その一流の中核部分の日記を焼失させたことは、大きな損失と重大な罪として認識されたに違いない。経藤の叔父経俊は、自身の日記を子息らに譲る際に二度に亘って譲状を作成したが、その都度文面に、この経藤が日記・文書を焼き捨てたことを書き記している。よほど口惜しかったに違いない。

経藤自身も日記を記し始めていたと思われるが、彼にとって受け継いでしまった日記（とそれを記す伝統）そのものが重圧となっていたのかもしれない。弟に対する腹いせだけではなく、自分自身を「家」の重圧から解放するためには、日記を焼かなければならなかったのである。経藤の他にも、この鎌倉時代には追いつめられて、「家」の日記・記録を焼いて出家しようとした人物が何人もいる。

鎌倉時代の貴族にとって、日記がストレスの要因であったとは、日本人と日記の長い歴史において暗い影を刻み付けた時代である。

（注）「学際シンポジウム　近代日本の日記文化と自己表象」（明治学院大学白金校舎、二〇一六年九月一日・一八日）における「戦中戦後の日記いろいろ」展より。

第五章　やさしい宮様（中世の夫婦善哉日記）
―貞成親王『看聞日記』―

一　南御方登場

突然すみません、ここからは、わたくし、敷政門院源幸子がお話させていただきます。

いかめしい名前ですが、実はこの敷政門院という女院号の方は、わたくしがこの世を去るひと月ほど前にいただいたもので、ありがたいお名前ですがほとんど呼んでいただいた記憶がございません。源幸子、これも亡くなる数年ほど前に准后という尊いご身分をいただきました際、以前の経子という名前を変えられたもので、わたくしとしては、元の経子の方がお父様の名経有の「経」に因んでつけていただいたものですから、愛着がございましたのですけど、いろいろご事情があり、わたくしの子、当時の今上の帝（後花園天皇）が偉い学者様方に選ばせられたものでございますから、ありがたく頂戴いたしました。でも一番しっくりするのは、南御方《みなみのおんかた》かしら。一番長く、そしていろいろなことがございましたから。准后様とか呼ばれてもねえ、何かこそばゆくて。なので、ここでは南御方としてお話いたしましょう。

あれあれ、すみません、いつのまにかわたくしのことばかり。本日は、夫の後崇光院様、この御称号もあまり馴染みがございませんですね。それでは、伏見宮貞成親王様、以下、その宮様の付けられた日記のお話をさせていただきます。なぜお前ができるのかって。それは時折り御座所に置かれた日記をのぞいていたからでございます。筆まめの宮様、何か事件が起きたり、面白い話を聞くとすぐ筆をとって日記にお記しなさいますので、いつも御座所の文机の上に開いたままにしていらっしゃいました。なので、お散歩にお出かけの時にちょっと…。あれあれ、無作法でございますね。でもとても面白いことをお書きになるのでついつい。

ひとまず、わたくしたちの馴れ染めから。

わたくしが宮様と初めてお会いしたのは、応永一八（一四一一）年、宮様が長らくお住まいになっていた今出川家からこの伏見の御所にお戻りになられてすぐの頃でございます。わたくしも色々事情がございまして、二〇歳過ぎてもどちらかに嫁ぐという訳でもなく、尼になるという訳でもなく実家にいてのんびりしてましたところ、父庭田経有が翌年の五月に亡くなりましたのを機に、一二年上の兄重有がお仕えしておりました伏見の御所の栄仁親王様、つまり宮様のお父様のもとで女房として働くことになったのでございます。わたくしはその頃、今参、つまり新人さんと呼ばれており、二条という一人前の女房名をいただいたのは、応永二六年の正月、すでに宮様がこの伏見宮家のご当主に成られてから二年程たってからでございます。

宮様が宮家にお戻りになった時、宮様はすでに四〇歳、おまけにまだ元服の儀をおすましになられておらず、このお戻りになられたのを機に元服されたのですが、すでに宮家の跡継ぎは、栄仁親王様の別な皇子治仁様にお決まりになっていて、宮家にお戻りになってもそのお立場は先行き不透明と申しますか、もう少しお若ければ、仏門に入られて今頃はどこやらの門跡様にお成りになって、さぞかし羽振りのよい有様でございましたでしょうに、それも今となってはかなわず、御所では、いつも琵琶をお弾きになっているか、ご本をお読みになっているか、歌をつくられているか、で後はというと、この界隈をお散歩になるくらい。でも兄重有と年が近いので、よく二人で何かを語り合っておりましたっけ。御所の男の方々が時折なさっていた博奕にもお加わりになることなく、蹴鞠などにもご興味を示されない、とても真面目で、でもお酒はお好きでほがらかな方でいらっしゃいましたが、どこか陰があるような感じ。お若い頃にいろいろおありになったらしいのですが、ちっとも若い頃のことをお話になろうとはなされません。

それにしても人生とは不思議なものでございますね。宮家の中でさえ、居場所をさがさなければならなかった方が、あれよあれよという間に宮家のご当主になられ、貧乏宮家のやりくりはなかなか大変でございましたが、息子の彦仁が突然、次の帝に就くことになり、するとどうでしょう、あんなに宮家に冷たかった内裏や院御所の方々、それに幕府の方々まで、手のひらを返したようにこの伏見まで挨拶に来るやら贈り物を届けてくるやら、もうそれまでの一〇年とまったく様子が変わってしまいました。

でも一番楽しかったのは、彦仁が即位するまでの、わたくしが二条として宮家にお仕えしていた頃であったかもしれません。宮家といっても、領地からの収入も減るばかり、お仕えする者たちもなかなか大変で、宮家の体面を整えるのにも随分苦労いたしましたが、子どもたちに囲まれて、のどかでにぎやかなひと時でございました。まずはその頃のことからお話いたしましょう。

二　子だくさんの貧乏宮家

わたくしたちの間に最初の子、女の子でしたが、生まれたのは応永二三年一一月一九日でございます。今でも覚えておりますのは、翌日、宮様のお父様、宮家の当主の栄仁親王様がご病気で亡くなられたので、もうお祝いどころではなくなってしまって大変でしたの。ご葬儀やら七日ごとの法事やらと私もお手伝いすべきことがたくさんあったのですが、産所である実家（庭田の家は御所のすぐお隣なのですが）から御所に戻ったのは暮も押し詰まった一二月二九日、四十九日も終わった後でしたので、先輩の女房たちからいろいろ言われてしまいました。

栄仁親王様という、崇光院様の皇子で、世が世なればご登極もありえたという方がいらっしゃったから、宮家も何とか格式を保って存続していたのに、その方を失ったばかりか、いまだ親王号をいただくことすらままならない治仁様がお就きになられて、みんな不安でいっぱいでした。なのに、それに追い打ちをかけるように、二月一一日、治仁様が突然お部屋で息を引き取られたのは、まさに青天の霹靂、宮家は上を下への大騒ぎとなりました。

こんなことが起きることを誰か想像していて、貞成様を俗体のまま宮家にお戻しになられていたとしたら、それは神仏の御冥慮としか思えません。おまけに、この頃、治仁様の奥様である今上臈様がご懐妊されていて、ちょうど臨月にあたっておりました。それまでもお子様は二人の姫宮しかいらっしゃいませんでしたから、もし男の子がお生まれになっていたら、貞成様はその方が成人されるまでの、仮のご当主ということに終わっていたでしょうに、二月一七日にお生まれになったのは、また も姫宮。それで貞成様が宮家の正式な当主となることがお決まりになったのでございます。

その後の一年程は、治仁様を貞成様やわたくしの兄たちが謀って毒殺したという噂を立てられたり、新内侍という今上天皇様ご寵愛の女房が懐妊したのは、宮様か宮家の廷臣たちの誰かのしわざであるという言いがかりを付けられたりと、なかなか落ち着く暇のない日々でした。前の方はとんでもない話ですし、後の方も、たまたまその新内侍様を宮家と親しい内裏の勾当の内侍様がご面倒を見られていらっしゃって、ご一緒にこの伏見のどこやらに里帰りされていたことを、誰かが天皇様に告げ口しただけのようでございます。

それも応永二六年頃には落ち着いて、静かな日々が戻って参りました。その年の正月、宮家の女房たちは新しい女房名を頂戴することになり、栄仁様との間に恵舜蔵主様などの宮を儲けられた対御方は東御方と改められ、やはり椎野様をお生みになられた近衛局は廊御方と、そして治仁様の奥様今上臈様はただ上臈とお呼びすることになりました。わたくし今参も、二条という名をいただきまして、やっと一人前ということかしら。

そして、ちょうどその年の中頃に、第二子、今度は男の子を授かりました。彦仁と名付けたこの子が、一〇年もたたないうちに帝となられるなどとは、当時は誰も想像できなかったことでございます。

応永二八年の九月には第二皇女が、その二年後の一二月には第三皇女が生まれました。その時の宮様の日記をのぞいてみたら、もう女の子はいい、「飽満無用」などと書かれていたのにはちょっと腹が立ちましたので、宮様に申し上げました。

たしかに治仁様の姫宮お三方（すでに長女は鳴滝殿に入室）に加えて三人の姫宮ですから、お気持ちがわからないこともありませんが、どの子もみんな私たちの大事な子どもたちです、どの子も同じように可愛がってあげてくださいい、と。さすがに宮様も顔を赤らめていらっしゃいましたわ。

応永三二年二月には、男の子が誕生し、その後、永享二年一一月に姫宮、さらにその四年後にも姫宮を授かりました。この時は私も四五歳になっていましたので、さすがに宮様も驚かれましたが。

（この本の著者の影の声）

貞成親王の子女は、『看聞日記』などを見る限り、判明しているものは皆この南御方との間の所生であり、すべて宮家において養育されているようである。ただ一人だけ、永享二年八月一〇日に三歳で亡くなっている皇女だけは、南御方の実家庭田家と同族ではあるが、ライバル関係にある宮家の有力廷臣田向家の長資の「養君」として育てられており、南御方以外の女性との間に生まれた可能性が強い。

あの頃の宮家はいつも子どもたちの笑い声や泣き声やらで本当に賑やかでした。宮家の御所といっても、本来の伏見殿が焼けてしまったための仮御所であまり広くはございませんでしたので、みな近くの大光明寺や御香宮、権現社などを遊び場にして、一日中駆け回っておりました。子どもたち全員に正式な乳母を付けるような余裕は宮家にはございませんでしたので、乳母代わりの女官の賀々を中心に、宮家の女房たち総出で育てておりました。賀々は、兄重有の妾でございましたし、同じ頃に男女合わせて一〇人ほど生んでおりますので（これには宮様も呆れておりました）、その子たちもついでに一緒に面倒見たものです。上の姫宮たちも弟妹を世話してくれましたが、女官の賀々など、本当に皆様の時代でいう、そうそう保母さんのようでした。

わたくしの実家の庭田家も、同族の田向家も御所のお隣にありましたが、いつでしたかしら、両家が些細なことからもめてしまい、わたくしの兄とあちらのご当主様が口もきかない険悪な間柄になってしまって、宮様も大変心を痛められた時がございましたが、子どもたちは何のその、両家の柵を乗り越えて、地侍の子たちも仲間にして行ったり来たりして遊びまわっておりました。ほんに、子どもたちの方がまっとうでしたわ。

宮様も子どもが大好きでしたから、よく皆の遊び相手をしていらっしゃいました。子どもたちに遊ばせるために、小舟を大工に作らせたり、少し大きくなると、廷臣や女中の方々との野遊びや舟遊び、それに荘内の寺社の祭礼見物などにもよくお連れになられていました。尼門跡に入室した娘たちも、しばしば暇を見つけては御所に戻ってきてしまい、なかなかお寺に帰らないので、お寺からそろそろお戻りくださいという催促がしばしばございました。そんな時も宮様は、まあもう少しくらいいいだろうとかおっしゃって、ぜんぜんお叱りになられないものですから、ますます娘たちも長逗留するようになって。

宮様はとても寂しがり屋でいらっしゃいますから、それも仕方がないことではございますけれど。

そういえば、宮様は生き物も大好き。子どもたちと一緒になって、犬・猫、ウサギやニワトリ以外にも、ウソやヒワなどの小鳥や鳥屋を作らせて水鳥まで飼われていらっしゃいました。ある時など、寝ようとしていたら、鳥かごの中がさわがしいので、わたくしが脂燭《しそく》をかざしてのぞいてみたところ、蛇が小鳥を食べようと入り込んでいて大騒ぎ。男の方々に来てもらって、蛇を退治していただきましたが、五羽の内三羽食べられてしまっていて、子どもたちも皆泣いて大変でした。

宮様の優しいお人柄は、時に小さなお子には度が過ぎているところがございました。京都の一条東洞院の御所に移ってからのことですが、門前に女の子が捨てられているのを見つけられて、かわいそうだからお前何とかしなさいとわたくしにお申し付けになるし、翌年にも東門のところに女の子が捨てられていると、乳母を捜して託される。そのひと月ほどの後のことだったと思いますが、ある老尼が五歳くらいの男の子を連れてきて、ここの宮様はお優しいので、父母のないこの子を何とかお願いできないかと頼むやいなや逃げていってしまい、青侍たちが追っていき、捕まえて事情を聴いてみると、生活が窮困して育てられなくなったとのこと。それをお聞きになった宮様、やはり何とかできないかとおっしゃるものですから、お付きの廷臣が慌ててお諫めして老尼を追い返したとか。京には貧しい者が大勢おりますから、たしかに切りがないという廷臣たちの言い分ももっともなものですが、その時は宮様、とてもご不満のようでした。

三　宮家の細うで繁盛記

応永三二年の閏六月、この宮家に女房として、一一歳の時から六〇年以上ご奉公なされてきた廊御方様がさすがにお年を召されて、お暇を頂戴することになりました。このお方は、すでに栄仁親王様が亡くなられた時にご出家されておりますので、そのまま近くの庵にご隠居されました。そしてこのお方が長らく差配されていらっしゃった宮家の家務の職をわたくしが引き継ぐことになりました。年齢的には東御方がわたくしより上にいらっしゃいますが、当主の妻であるわたくしが行なうべき仕事と宮様がお決めになられたようでございます。

この家務の一つに、この宮家に仕える女房たちの召し抱え、それに教育がございます。これがなかなか大変でございまして、せっかく召し抱えたのに、地侍などと男女の仲になり、やがて懐妊して逃げてしまったり、上臈として採用し、とても能力のあるよい方でしたのに、その経歴に将軍様から忌避されるところがあり、仕方なく身を引いていただいたということもありました。ある武家の娘など、あちらから奉公させて欲しいと頼んできたのに、あまりにお給料が安いので、何の挨拶もなく娘を連れ帰ってしまったこともあって、さすがにあの時は悔しくてなりませんでした。

またある時、宮家譜代の廷臣が妹を女房として出仕させたいと連れて参りましたので、しばらく奉公させましたが、どうもこの娘は無理と思いましたので、辞めていただきました。するとその廷臣が宮様に何とか妹のことをとりなして欲しいと頼んできたようで、宮様も私に少し大目に見てやってもよいのでは、とおっしゃられましたが、わたくしは断固として拒否いたしましたので、宮様も諦められたようです。

わたくしの兄重有からも、幼い時から、お前のその勝気さは何とかならんのかとたしなめられてきたのですが、どうにもならないのです。

宮家では、寂しがり屋の宮様が、何かというと皆を集めて、双六や文字合、それに貝覆い・栗打ちなどをさせては、よく遊ばれたものですが、わたくしは双六が得意でよく勝ちました。ある時など、御所の方々を二つの組に分けて双六の大会を開いた際、宮様とわたくしがそれぞれの組の頭人となり、最後は宮様とわたくしの勝負となって、結局わたくしが勝って、宮様の組に負け態《わざ》としてお酒をお出しいただきました。でも宮様も負けず嫌いで、必ず再勝負をしようと仰せになりますから、勝たれるまでお付き合いで皆大変でした。

わたくしも似た者同士。ある時は、御所の北のお庭に花咲く仙翁花の花について宮様と議論になりました。何故かわたしくしが宮様を言い負かしてしまったものですから、宮様、ほんに悔しそうに、渋々お約束のお酒を皆に振る舞われていらっしゃいました。

わたくし、遊びは好きですし、動き回るのも得意ですけど、実は和歌が苦手。お父様から言われて少しだけ勉強はしたのですけど、結局ダメ。彦仁が伏見にいるときは、和歌を作る機会などほとんどないし、連歌は殿方たちだけでやっておられるので問題なかったのですけど、登極なされてからは、社交の場も多くなって、そうもいかなくなりまして、特に永享五（一四三三）年頃でしたかしら、将軍様のお考えで新しい勅撰集をお作りになられることになって、和歌を嗜まれる名門の方々は、自分に百首のご下命はあるだろうかと、皆そわそわしていらっしゃいました。この後深草院以来の帝の血筋の正流でございます宮家からも、宮様のみならず、おじいさまの崇光院様やお父様の栄仁親王様のお歌を選んで献上せよとのご依頼が参りました。それで十分なはずですのに、誰かがいらぬ気をまわしたようで、翌年になって、今回は女房歌人が少ないから国母でいらっしゃる三品様（わたくしのことですのよ、その年の三月にいただきました）からも是非一首、とかお話があって、わたくしとしては大迷惑。こんなことならもう少し和歌の勉強をさせておくのだったと宮様もご心配になられて大変でした。やんごとなき方に添えて差し上げた和歌を宮様に代作していただいたこともばれてしまいそうですし。「瓦礫」みたいなものだが、何か出すしかないね、ですって、失礼ですこと。

初めにお話した源経子というお名前は、この三品、ええと、そうそう従三位とかいう位をいただいた時に付けていただいたものですの。源朝臣経子を従三位に叙す、とか言われても、え、どなたのことという感じですけど、口うるさい兄と同じ位になったので、ちょっといばれるかな。でも実は、この時は、将軍の奥様に従二位を差し上げるためのついでという感じでございましたの。日頃、上様と申し上げているこの方は、三条家のご出身で、栄仁親王様の妾であられた宮様のお母様も、故廊御方や東御方様も皆三条家の一族の出でしたので親しみをもっていただいたのか、宮家のわたくしたちに大変お気遣いをいただきとても心強くございました。とても素晴らしい方で、あの怖い怖い将軍義教様も上様にだけは頭が上がらないというか、とても大事になさっていらっしゃいました。お二人にはお子様がいらっしゃらなかったこともあって、尼となったわたくしたちの娘たちを何かにつけて呼んでいただき、可愛がってくださいました。

いろいろお願いごとがある時も、宮家の当主から頼むと大仰なので、わたくしがちょっと上様のところにお伺いして、上様から将軍様にお話しいただくのが一番早いのでございますのよ。でも、上様のところに伺うと、美味しいお食事やお酒がいっぱい出てきて、ついつい長話になってしまうし、帰りが遅くなるわたくしを宮様はいつもご心配されてましたわ。わたくし、恥ずかしながらお酒は大好きで、ちょっと飲みすぎてしまうところがございますの。父の二十五回忌の時でしたが、作善のために断酒しなければならなかった時は本当にきつうございました。一〇日ほど過ぎて、断酒ほどきの宴でのお酒、本当に美味しゅうございました。あら、失礼いたしました。

四　怖かったこと

いつもはのどかな宮家ですが、長い人生、いく度か怖かったことや悲しいことがございました。伏見にいた頃は、本当に静かですし、近くに頼りになる地侍の方々がいらっしゃって何かというと駆けつけて参りましたので、心強かったのでございますが、永享七年の末に将軍様から京都にお屋敷をいただいて引っ越してからは、とても賑やかで便利にはなりましたものの、都で起こるさまざまな事件に気をもむこともしばしばでしたから、ちょっと気疲れする毎日でした。

あの将軍様ですから、宮家と親しい廷臣の方々にも機嫌を損ねて領地やお屋敷を失われる方も大勢いらっしゃいましたし、なかには命まで奪われてしまった方もいて、特に前の将軍様から御相談役をなされていた醍醐寺三宝院の満済様が亡くなられてから、もう誰もお諫めできず、ほんに宮様が「薄氷を履むが如し」と日記にお書きになった通りでございました。

宮家の東御方様もひと時は将軍様に気に入られ、側でお仕えするようになったのですが、ちょっとした一言が災いして御刀を抜かれて御所を追い払われたと聞き、わたくし共も本当に肝を冷やす思いでした。田向家の皆様も、彦仁が内裏にお入りになってすぐの頃でしたが、将軍様が右近衛大将にご任官される儀式に出仕を怠ったとかでご機嫌を損ね、以後、将軍様の前に姿をお見せすることができなくなってしまいました。将軍様が宮家にお出でになる際も、田向家の方々はお目見えできず本当にお気の毒なことになりました。この将軍様は一度あったことは絶対お忘れになりませんから。

この義教様は、帝のご実家であるわたくしどもをとても大事にされ、しばしば将軍家に献上されたたくさんのご馳走や珍しい贈り物をこちらにお回しくださいます。また、ちょっと病気とか耳にされると、すぐに滋養のあるものをお贈りくださいます。ところが、たしか公方様が新造された京都の宮家の御所にお出でいただき、わたくし共がおもてなし致しました後、そのような品々がぱったりこなくなった時がございまして、もしかしたら何か機嫌を損なうようなことをしでかしたのであろうか、と宮様もわたくしも本当に気が気でございませんでした。宮様はご心配の余り、北野天満宮にお経やらを奉納し、さらにあちらこちらの神仏に皆を動員してお祈りしていらっしゃいました。ひと月ほどたって、将軍様から鯉がひとつ届けられたときは、それはお喜びで、包丁道を伝える家人為久に皆の前で料理させてから食膳に供えられました。あの時の鯉は本当に美味しゅうございました。

でもこのような恐怖の日々、武家の方々には耐えられなかったのでございますね。あの日がやって参りまして、赤松満祐殿のお屋形で将軍様が討たれておしまいになるなどとは、もう誰も何をどうしてよいのかわからないあり様でした。わたくしは翌日、将軍の御所に参り、上様をお訪ね申し上げました。もうすでに上様はご出家なされていらっしゃって、そのお姿を拝見いたしました時、涙が止まりませんでした。でも、すぐに将軍様に追放されたり、謹慎を命じられていた方々が皆その禁を解かれて、正直誰もがほっと致しましたのよ。

わたくし共が一番怖い思いをしたのは、将軍様が討たれ、その犯人の赤松満祐殿が討伐されてからちょうど二年目の嘉吉三（一四四三）年の九月二三日に起きた事件でございます。

その日の夕方、都は何やら不穏な空気が満ちあふれておりました。宮様もわたしくしも、何とも言いようのない不安に襲われておりましたところ、管領の畠山持国殿から、牢人たちが陰謀を企んでいるとの一報が入り、宮家にも家人らが駆けつけて参りました。

夜半、もう寝所に入っておりましたが、何やら外が騒がしいので宮様が縁にお出になられたところ、何と内裏の方に火の手が上がっております。火事かと思い、急いで家人らに家財を運び出させていたところ、内裏の御乳人《おちのひと》を務めるあの賀々が駆け込んできて泣きながら申すには、三、四〇人ほどの悪党が内裏の清涼殿に乱入してきたとのこと。帝はまだお休みになる前で、御前に伺候していた甘露寺親長や四辻季春らに、昼御座《ひのおまし》の御剣を持たせて清涼殿常御所の南にございます議定所へお逃げなられたそうですが、三種の神器のうちの宝剣と神璽は、女房の大納言典侍が持って逃げようとしたところ、悪党たちに奪い取られてしまったとのこと。女房たちは混乱の中を散り散りに脱出し、御乳人自身も小袖を剥がれながらかろうじて逃げてきたそうでございます。帝がその後どこにいらっしゃるのか誰も存じないとも。

　それをお聞きして、宮様もわたくしも目の前が真っ暗。しかし、廷臣らがこの御所もあぶのうございますと言うので、若宮や姫宮たちとともに廷臣の源持経の屋敷に移り、さらに用心のために幼い宮たちは別の場所にお隠しいたしました。その後、いろいろな噂が飛び交い、どれもあてにならないものばかりでしたが、どうも帝は近衛房嗣様のお屋敷に入られ、ご無事との報せが入って参り、わずかながら胸をなでおろしたのでございます。

　後に聞いたことでございますが、議定所にお移りになった帝を、親長らが太刀を抜いて悪党らを打ち払いながら外にお逃がしなされたそうで、帝は女房姿に身をやつして唐門を出られましたが、その時、親長は悪党らに遮られて引き離されてしまい、お供は季春のみであったそうでございます。幸い帝はそのまま正親町持季の邸に入られ、さらに広橋兼郷の屋敷へお移りになったとのこと。用心のため、誰にもご所在をお知らせにならなかったため、廷臣らもどなたも参上することができず、近衛様のお屋敷に内侍所（神鏡）が移される頃にやっと帝のご無事を知り、廷臣や女房たちも駆け付けられたとのことでした。

　宮様がおっしゃられるには、昔々鎌倉の頃、宮家のご先祖に当たる伏見の帝の時にも、内裏が悪党たちに襲われ、その時は、まだ武士たちが内裏の中の様子をよく知らず、荒くれ武者に帝のご座所をきかれた女官が機転を利かせてうその方角を教えたので、あやうくご無事だったという事件があったそうでございます。しかし、この度は、公家の一位入道（日野有光）らが南朝後亀山の帝の宮様たちを担いで起こされたご謀反であったといい、内裏の中をよくご存じの者たちであったがため、本当に帝のお命が危なかったそうでございます。

五　悲しかったこと

もう一つ、今度は本当に悲しかったことをお伝え申し上げなければなりません。わたくしどもの娘のことでございます。

宮家には前代の治仁様の姫宮お三方に加え、わたくしどものたくさんの姫宮がおりましたことはすでにお話いたしました。永享六年には帝の姫宮も、そう、わたくしどもには孫にあたる訳ですが、お預かりすることになりました。この子たちも順番に尼門跡にその跡継ぎとして迎えられていきましたが、遠く摂津国四天王寺の妙厳院に入りました二女のめここ以外は、皆京都近辺におりましたので、何かというと宮家に帰って参りまして、寂しがり屋の宮様を喜ばしておりました。

応永二三年に生まれた最初の姫宮は、阿五々と呼んで育てて参りましたが、九歳になった応永三一（一四二四）年四月一九日、入江殿三時知恩寺に尼として入ることになりました。この寺の前の門跡は鹿苑院足利義満公のお嬢様でしたが、大性院にお移りの後、崇光院の皇女様が跡を継がれていらっしゃっていて、いずれその跡は崇光院様所縁の者でということになり、わたくしどもの娘に白羽の矢が立ったのでございます。このお寺は、「福貴の式、大名の如し」と呼ばれたほど、格式高く豊かな寺でございまして、まだ幼いとは思いましたが、このような恵まれたご縁はなかなかないものと思い、また宮家の東御方様の妹に当たられる円修房という方がこちらにいらして、何かと面倒見ていただけるということなので、宮様もお決めになられたのでございます。

入室の儀は門跡様の肝いりで、寺中の尼たちも総出でお迎えくださり、たいそう華やかに執り行われたのですが、何分まだ幼いので、家を恋しがってずっと泣いていたそうでございます。五か月ほどして、この入江殿の喝食、法名を性恵と申しますが、里帰り致しまして、かわいらしい喝食姿をわたくしどもに見せてくれました。特にこの子は東御方様が自分の子のように可愛がっておいでになられましたので、尼寺に入ってからも何かと気にかけて、衣装を用意したり、喝食が初めてお花を立てられる際にも、引出物をご用意されたり、実家からお寺に戻る時も付き添っていかれたりと、ほんによく面倒をみていらっしゃいました。

やがてこの姫宮も一人前の尼となって、今御所とお呼びするようになり、将軍様や上様にもお目にかかり、可愛がっていただきました。永享五（一四三三）年、今御所一八歳の時でしょうか、将軍様の姫君をお弟子としてお預かりすることにもなり、ご領地もお寺にご寄進いただきました。また、宮家の長女として、同じく尼となっていった妹たちのこともよく面倒見ておりました。

ご門跡様はお年を召され、ご病気がちなものですから、もっぱら外向きのことは、今御所が代わってこなしていたようでございます。しかし、門跡の代りを務めるにはまだ若すぎたのかもしれません。特に永享一〇年の九月、門跡様がご体調を崩されるとその重責に押しつぶされてしまいそうになったのでしょうか、一一月末に実家に帰ってくると、すぐに体調を崩してしまい、突然大声で泣き出したり、乗り移った門跡の他の尼の生霊でしょうか、「今御所を長らく憎んできた」などとおかしなことを口走るようになって、ひどく錯乱してしまいました。宮家の者たちもびっくりしてどうしてよいのやら、門跡の方々にも随分心配をおかけしましたが、お頼みいただいた験者たちの祈祷のおかげで何とか回復し、その年の暮にはお寺に帰りました。

その三年後、将軍様がお命をとられてしまった年です。春から京の周辺に疱瘡が流行り、宮家にもこの病に侵される者がちらほら出てきていた矢先、宮様の日記によれば、三月一七日のこと、入江殿より今御所もこの病により容体がよくないというご連絡がありました。その頃、帝も罹患されたとお聞きし、皆心配していましたところ、今御所は、一旦はご回復され、四月八日には宮家にも戻ってきていたのでございます。ところが四月半ば、再発されたとお聞きし、将軍様もご心配され、名医をお遣わしいただいていたのでございますが、その後もいく分は持ち直した時もございましたものの、日増しに容体は悪化し、五月の半ばには、お医者様方も手の施しようがなく、神仏にお祈りするしかないというあり様になってしまいました。そして五月二三日には、門跡より安居院の末寺にお移しすることになりましたので、そこに宮様と共にお見舞いに参りました。苦しそうにお休みになっているのを目にしました時、もう気が遠くなりそうで…。昨晩はたいそう苦しまれ、明け方やっと静かにお休みになったそうでございます。お顔の色は平生とそんなにお変わりになっていらっしゃらないのに、何故このようなことにと、宮様も人目もはばからず涙を流していらっしゃいました。一度引き上げ、夜になってまた参った時もご様子はそれほど変わっていらっしゃいませんでした。少し意識を取り戻されたのか、わたくし共が参っていると告げられると、少しだけ目を開いてくださいました。

危急の報せが来たのは二八日のこと。わたくしは、侍女の春日と共に安居院に駆け付けましたが、もうわずかに息をなされているだけのあり様。臨終のお姿はお目にしない方が、と付き添いの者たちにうながされ、宮様にご様子だけお伝えしていましたところ、しばらくして息を引き取られたとの報せが参りました。まだ二六歳でございます。親より先に逝ってしまうなど、老少定まらないこの世であっても、何故このように悲しい思いをしなければならないのでしょう。宮家の者たちが皆涙する中で、宮様のお嘆きは、それはそれは気の毒なご様子で、ただひたすら日記を開いた文机の前で、目を落としていらっしゃいました。

実は、この前日、将軍様の機嫌を損じ、伏見に隠居されていらっしゃった東御方様が七九歳でご逝去されていたのです。先代よりずっと宮家にお仕えしてきて、そのご恩に報いなければならない方でしたのに、そして、あのように性恵のことを可愛がって下さっていらっしゃったのに。お気の毒なことながら、あの日の宮家にはそちらにお構いする余裕がまったくございませんでした。本当に申し訳ないことですが、東御方様は、極楽にまでお供されてしまわれたのかしら。

幸いと言っては何ですが、本当に悲しい思いをしたのは、幼い頃に母を亡くした時と、この時だけで

図５　伏見の後崇光院陵。毎夏著者の研究室では、４年生の卒論合宿の時、１年間ゼミでお世話になったお礼に参拝する。そう言えば、南御方はどこに葬られたのだろうか。

したの。

宮様をお看取りすることができなかったのは残念でございましたが、宮様がずっとお望みだった太上天皇の称号をいただく日まで共に生きることができましたし、最後は帝までお見舞いの行幸を仰ぐことができ、ついでに女院号まで賜って、本当に幸せな人生の終わりを迎えることができました。

気になるのは、宮様、わたくしがこの世を去った日、日記にどのようなことをお書きになったのかしら。でも聞くところによると、その日の日記は残されていないとか。永遠の謎でございますわね。それでは皆様ごきげんよう。

コラム4　存在しない日の日記

私事で恐縮であるが、私が今の勤務先の大学に勤め始めてから、今年（二〇一六年）で丁度二五年になる。着任時、三年生対象の史料演習のテキストを何にしようか考えた時に、卒論の時に取り組んだこの『看聞日記』を選んで読み始めたのだが、いまだに終わっていない。当初は一年間で日記一年分ずつと考え、定年まで三〇年以上あるから何とか終わるだろうと思って気楽に読んでいたが、だんだん読み進めるペースが遅くなり、今年何とか永享六年までたどりついたものの、少し急がないと在職中に終わらないかもと若干焦り始めているところである。

今思えば、他の古記録よりは読みやすくて、また記事もバラエティに富んでいて、日記の初心者向けによいと思ってテキストに選んだのだが、初めの頃はこちらも本当にわかっていなくて、最初の頃の学生諸君にはいい加減な読みや解説をやってしまい、恥ずかしい次第である。今謝っておきます。ごめんなさい。

むしろ逆に私自身の方が、学生諸君たちからこの日記の面白さを学んだことの方が多いかもしれない。この日記のゼミのメンバーが、そのまま四年生に上がって卒論を指導することになるので、一応卒論のテーマについては毎年古代・中世の範囲なら自由に選んでもらっているものの、二、三人はこの日記を主な史料として卒論に取り組む学生がいて、それぞれ面白いテーマを見つけて卒業研究に取り組んでくれる。中にはとてもいい成果を上げる学生もいて、都合がつけば名古屋の中世史研究会が主催する卒論発表会などで報告してもらってきた。ご紹介したい研究はいくつもあるのだが、ここではその中でこちらもびっくりさせられたものを一つだけ、本書の日記の問題に関わるのでご紹介しておこう。

それは、今年の三月卒業した桐山裕紀氏の「中世における情報と社会―『看聞日記』を中心に―」という論文で、簡単にまとめると、この日記の中に伝聞記事として記される事件や巷説などが日記の中にどれくらいの割合を占め、かつどのようなルートや手段で記主貞成の耳に入ったのか、また貞成はどのような関心や基準でそれらを日記に書き留めたかを考察したものである。彼女は、まず図書寮叢刊の『看聞日記』に何日分の記事があるのかを数え、それが記された期間中においてどれくらいの割合で記されているのかを調べた。一応一年分残っている場合、その一年間の日数のうち何日間記主が日記を付けたかを数えたのである。方法としては、湯浅吉美編『増補日本暦日便覧』（汲古書院、一九八八、以下『便覧』と略す）でその年の月ごとの日数を調べ、それと付き合わせていったのである。すると不思議な事実を発見した。ある月の日記の記事数が『便覧』に示されたその月の日数より多い月があったのである。それは、永享八（一四三六）年七月の分（巻二七）である。私自身、その報告をゼミの時間に聞いた時、それはありえないだろう、と思わず洩らしてしまったのだが、確認してみると『便覧』には小の月として二九日（干支は癸亥）までしかないのに、『看聞日記』は三〇日の記事が存在するのである。それは次のようなものである。

「卅日、晴、御憑経営無二他事一、典侍殿・勾当御憑初進レ之、令二祝着一、就二近々一尤本意也」

天候まで記されており、立派な一日分の記事である。

ちなみに、近年この日記の書誌学的研究が進んでおり、前半の応永期の分は当日に記されたままの日記ではなく、後に貞成自身によって清書されたものであることはすでに以前から知られていたが、全体についてより緻密な調査がなされており、後半部についても貞成が日記を記した当初のままの状態ではない可能性が強い部分があることが指摘されている（田代二〇〇九）。しかし、それらにおいても、この永享八年七月については清書の疑いがあるという指摘はないようである。となると『便覧』が誤っているということになるが、それを確認することは今のところ私には無理である。

もし『便覧』に誤りがないとするならば、なぜ日記にこのような存在しない日の日記があるのか。「晴」という天候の記事がなければ、その後の記事は、前日の二九日条の終わりに記されていたものを、誤って清書の際に、「卅日」という日付を足して日数を整えて作られてしまったという可能性が強いと思うが、「晴」まで足したとなるとそれは明らかに記事を偽作したことになる。

常日頃、卒論に取り組む学生たちには、やればやるほどいろいろな疑問が生まれてくるのがよい研究なのだよ、と言ってはきたのだが、彼女が置いていった疑問はいまだに解決できないまま、机の上で解かれることを待っている。重い宿題である。

第六章　戦国の「渡る世間…」――三条西実隆『実隆公記』――

一　三条西実隆って誰？

この本で紹介する人物に、高校の日本史の教科書などで登場する者はあまり多くない。第二章で紹介した藤原頼長と第三章の藤原定家くらいである。ただ、彼らが生きた中世前期から南北朝時代くらいまでは、まだ他にも摂関家の九条兼実がいたり、似せ絵の名手という藤原隆信がいたりと何人かが思い出されるが、それ以後はいかがであろう。恐らく連歌で有名な二条良基と有職故実の大家一条兼良くらいであろう。ここでお話しする三条西実隆も、以前は古今伝受などに関連して載せていた教科書もあったと思うが、今はもう触れられることはほとんどない。最近、インターネットで検索にかけてみたら、この人物、受験日本史で本当に覚える必要があるかとやり玉に上がっていたから、難度の高い私立大学の入試などでは姿を見せていても、普通の高校の授業で教えられることはないようである。しかし、中世後期の文化として叙述される能・狂言にしても、茶の湯や生け花、それに御伽草子にしても、王朝古典文化の伝統を大きく受けて展開しており、そこには当時の公家たちの活動への理解は欠かせないはずである。中世の朝廷・公家研究（近年は織豊期や近世のそれも）は、この三〇年で随分進んだのだから、も

図6　三条西実隆像紙形（東京大学史料編纂所蔵）

う少し日本史教科書の枠組みを変えてもいいように思っているのは私だけであろうか。

　平安時代以来の王朝貴族も、朝廷の力が衰え、権力を武家に奪われ、地方の荘園からの年貢が入らなくなっていくと、もう一般的な意味での「貴族」とは言えない存在に落ちぶれていた訳であり、ここでは、一応公家《くげ》と言っておこう。公家《こうけ》という語は、もともと天皇や朝廷そのものを指す用語であったが、ここでは京都の天皇のもとで神事や仏教の儀式を行ない、王朝文化を家芸として代々世襲していた人々くらいに定義しておこう。

　この章でその日記を紹介する三条西実隆は、閑院流藤原氏の中の名門三条家の支流の一つ三条西家の公保の子として康正元（一四五五）年に生まれた。この閑院流と呼ばれる藤原北家の一流は、遠く平安中期、摂関家の祖に当たる藤原師輔の末っ子公季（道長の叔父にあたる）にまでさかのぼる。貴族社会の中で何とか上級貴族として生き残り、たくさんの家に分かれながらも、中世を通じて一門の枠組みを維持した名門である。特に院政を開始した白河院やその治天の地位を継いだ鳥羽院の外戚として地歩を固めた後、大きく三条流・徳大寺流・西園寺流の三つの流れに分かれ、さらにそれぞれが多くの庶流・分家を輩出していった。この閑院流では、常に通字として「公」と「実」を交互に用いることを伝統とし、それこそ近世末から明治に入って活躍した三条実美や西園寺公望などに至るまでその伝統は維持された。だから、ここでの主人公も、公保の子なので今度は「実」を使わなければならないということで、実隆となり、彼の息子は、今度は「公」の字ということで公条と名付けられた。

この実隆の人生のスタートは不運の連続であった。

本当は兄がいたが、実隆が四歳の時に早逝したので跡を継ぐことになった。実は実隆は父公保五八歳の時の子で当初公世と名付けられ、この四歳の時に公延と改名しているので、一三歳上だった兄実連の養子的な扱いだったのかもしれない。前章でご紹介した貞成と同様の巡り合せであり、その点では運が良かったというべきなのかもしれないが、後の苦労を考えるとはたしてそう言えるのかどうかおぼつかない。その不運の最初は、六歳で父を喪ったこと、そして次に一三歳の時、ご存知の応仁の乱が始まってしまったことである。公家たちをめぐる環境は更に大きく変わりつつあった。

実隆の母は朝廷では中くらいの家格である甘露寺家の出で、その弟にやはり日記を残し、有識の公卿として活躍した親長がおり、父を喪った後はこの親長の後見のもとに朝廷での出仕を始めたようである。そして、京都が戦火で焼き払われる中で、実隆も屋敷を失い、母と共に一時鞍馬寺の坊に疎開しなければならなかった。

文明元（一四六九）年、一五歳で右少将に任じ本格的に出仕を始めるが、その三年後に今度は母を喪ってしまう。彼の日記は、その二年後の文明六年、実隆二〇歳の年から始まり、彼が八三歳で亡くなる前年、天文五（一五三六）年まで残されている。その間ずっと戦火や盗賊などに脅え、実際何度も家を焼かれ、手元不如意にいつも苦しんだが、幸い地方に流寓することなく、何とか京都で公家として人生をまっとうできた。織田信長は天文三年の生まれであるから、わずかながら実隆の人生と重なっている。まさに実隆は、戦国時代の始まりからその終わりが見え始めた瞬間まで生きた、いや、付き合わされた人物なのである。

彼の日記『実隆公記』は、六三年間にわたって記されており、そのうち五〇年分以上が現存している上、ほとんどが自筆原本で残されている。そのため料紙に使われて紙背として確認される書状などの文書類も多く、大変貴重な史料であることは言うまでもない。さらにこの日記を詳しく研究された末柄豊氏によれば、永正一三（一五一六）年の出家を機に（実隆六二歳）、それまで王朝日記伝統の自分の日記の呼称である「愚記」から、「活套」という禅僧の間で用いられた用語で呼ぶようになったらしく、そこに実隆自身の日記に対する意識の変化を読み取ることができるという。特に出家後二、三年間日記をつけることを控えていたらしい実隆が再び形を変えてそれを再開する点は、本書の第一章で扱った問題と関連していて興味深い。さらに末柄氏によれば、実隆は、当初冊子で書き始めた日記を巻子に変えたり、また料紙を綴じた冊子に戻したりと時期によって形態を変更して日記を記していったという。巻子、つまり巻物の形態の方は、やりとりした手紙などの文書を貼り継いで参照しやすいことが利点の一つであり、貼り継がれた文書に日記の記事を補完する機能をもたせていたらしい。一方、冊子の方はその点を意識せず備忘用の雑記帳的なものであったのではないかと述べられている。跡継ぎの公条もすでに日記をつけており、三条西家の「家」の内部における実隆自身の日記の位置づけがそこに反映されているといってよいようである。

そして、実隆にはもう一つ日記があったというべきである。それは『再昌草』という彼の歌集として、今日『私家集大成』などに所収されているが、文亀元（一五〇一）年より日記と同じ天文五年に至る三六年間にわたって、和歌や連歌の発句、それに漢詩句を詞書とともに日記のように書き継いでいったものである。後述するように、『実隆公記』と『再昌草』、両者を合わせて読まなければ、実隆という人間は見えてこないように思われる。

二　妻と嫁のはざまに

まずは雑記帳的な性格をもつといわれる「活套」と題された享禄二（一五二九）年の日記から紹介してみよう。

この年、実隆すでに七五歳、天皇は後奈良天皇の時代となっている。前年、足利義晴を担いで室町幕府を牛耳っていた細川高国が、足利義維を奉じる柳本賢治に敗れ、近江へ追い落とされ、義晴も近江朽木氏を頼った。京都は柳本氏に支配されながらも、比較的穏やかな一年となったが、どうも三条西家の中は少々穏やかならぬ状況だったようである。

以下、日記の記事を拾っていくと、

二月四日、今日うちの奥方が九条家に赴き、その北政所（正室）となっている娘保子を通じて奥方の意見を伝えてきた。一応私の考えも伝えておいた。

五日、娘が我が家にやってきた。彼女は母から相談を受けた内容を弟の公条に説明したが、彼は納得しなかった。そこで私が内々に公条の妻にこの件を話してみたが、夫が許さないことについては自分ではどうしようもないという。当然のことであろう。夕方奥方が帰宅した。

六日、奥方が考えていることを話してくれた。たしかに一理あるが、私の意見は述べずにおいた。

七日、再び娘が来る。奥方は今までのように座敷の方にいてくれる。ひと安心。

一七日、「家中の事」について、息子公条が自分の意見を述べ、奥方も承諾した。お互いに何とか納得できたようだ。娘の努力の結果である。

二七日、娘が来て、「家計の事」については、明日から公条の妻が管理することになったという。必要経費五〇〇疋をまず渡した。

一体、何をもめているのかがもう一つよくわからないのだが、実隆としてもあまりはっきりとは書きたくないことであったのだろう。

ポイントは「家中の事」（一七日）、これは二七日に見える「家計の事」と同じことを指していると考えられるが、どうもこの三条西家全体の公的な側面を支える職務及びその費用を指しているようである。出家した実隆に対し、子息公条はこの当時権大納言の第一席におり、家を代表して朝廷に仕えていたが、同じ邸宅内に住んでいたものの、生計はある程度独立していたようである。三条西家も家領荘園などからの収入がほとんど期待できなくなりつつあった中、実隆という大ブランドを求めて京の内外から、和歌や連歌の添削や源氏物語・古今集などの古典の書写や教授などを求められ、その収入が比重を増しつつあったようである。三条西家で催される和歌や連歌の会、古典の講読などには著名な連歌師たちも出入りし、一種のサロンを形成して、さまざまな情報交換がなされたであろうし、好学の者たちには憧れの場だったと思われる。以前はプライベートな場であったと考えられるが、王朝文化で生きるこの家にとっては、収入を維持するためにも重要な役割を果たすようになっていたと考えられる。

そのような場で提供される酒食の準備や、父祖などの忌日に催される仏事に際し、提供される斎食などの手配は、日記を見る限り、かなり頻繁であるし、費用もかかるものであったろう。また、使用人を使って準備設営しなければならず、そういった家に仕える者たちの採用や管理なども行なっていたと考えられる。当時の貴顕の家では、そこに仕える女房が、頻繁に訪れる公武・聖俗にわたる客人、時に借金取りなどの応対もしていたようであり、物詣でや猿楽見物などを通じての他家の女房や尼たちとのお付き合いや情報交換などもその仕事の一環であったろう。家の対外的な顔ともいえる存在ではなかったかと思われるが、当然実隆の家では、父母が早くなくなっていたこともあり、結婚してからずっと実隆の奥方、勧修寺教秀の娘が担当していたと考えられる。彼女の年齢ははっきりとはわからないが、実隆二四歳の時に結婚しているので、その少し下と考えられ、享禄二年、実隆は七五歳に達していたから、彼女も七〇歳くらいではなかっただろうか。

普通この記事は、長らく「家」内部の管理者として行使してきた立場（主婦権と呼ぶ研究者もあるが、「主婦」という言葉を使ってしまうと少しニュアンスが違うように思う）を、同居している嫡子の嫁に渡したくなくて、トラブルとなったと理解されている。この時代、公家においても婿取り婚から嫁取り婚へ移行し、また邸宅も複数持てなくなったこともあり、姑と嫁が同居するようになって、トラブルが生じるようになった時代であるので、その方がわかりやすいと言えば、わかりやすいのだが、もう少し別な見方もできるかもしれない。

日記を見る限り、この件は実隆の奥方から最初に話が起こされ、それをわざわざ娘保子に話して、娘が仲介役を果たさなければならなかったこと、特に保子は弟の公条を説得して欲しいとどうも母から頼まれたようであること、実隆も公条の妻（甘露寺元長娘）を説得しようとしたが、うまくいかなかったことなどから見ると、実隆の妻がそろそろ公条の妻にこの立場を譲りたい、もしくは代わってもらいたいと言い出した可能性も考えられよう。

ちょうどこの前月、若い頃から実隆より源氏物語の講義を聴講し、実隆秘蔵の源氏物語を譲ってもらったりして懇意にしていた能登の守護畠山義総から五〇貫相当という黄金二切れを贈呈され、ほんのひと時であるが家計が安定した時期であった。実隆はそれをすぐお金に換え、さまざまな支払いに充て、差し迫った借金の返済を済ませたようである。まだまだ質に預けたままの家財なども多かったようであるが、少しだけ身辺がすっきりしたこの時期が、家の表の主役を公条とその妻に譲る好機と考えたのではないだろうか。ただ、跡継ぎの公条は反対だった。すでに四〇歳を超えていた公条であり、家の領地からの収入が安定的に期待できれば、引き継ぐこともやぶさかではないと思っていたのかもしれないが、前述のように実隆の人気に頼って何とか維持されているような家計であり、実質的に実隆からの助成がなければやっていけないのだから、そして引き受けても上から口を出されてトラブルを生じるよりは、まだまだ母に任せておいた方が無難と考えたのではないだろうか。

実隆の妻の実家、勧修寺家は、鎌倉期までは中級クラスの貴族で、家格こそ三条西家に及ばなかったが、室町期以降、朝廷と幕府の間の取り次ぎを行なう武家伝奏などを歴任し、その実績のもとに大臣の末席に達する家格にまで上昇していた。実隆の岳父教秀も准大臣に処遇され、さらに後土御門天皇・後柏原天皇に娘を女房として仕えさせ、後者に入った新大納言典侍藤子が生んだ皇子が後奈良天皇として即位したのである。姉妹が宮廷で天皇のお気に入りの女房であったためか、実隆の奥方もなかなか気位が高く、また結構気の強い女性だったようで、実隆も時にたじたじだったようである。

例えば、永正五（一五〇八）年八月、実隆の奥方は、内裏にいる姉妹たちに誘われて将軍家の御所で行われた猿楽を見物に出かけた。実隆は「身分の高い女性たちが行くもんじゃない」と止めたらしいのだが、無視して出かけていったのである。実隆は日記の最後に「今後はもう少し厳しく言うようにしよう」と書いて結んでいるが、何となくあきらめ気味の様子である。

以前から、実隆は内裏の上級女房たちが猿楽見物に出かけることに批判的だったらしく、文亀元（一五〇二）年四月の日記にも、彼女たちが、有名な今《（金）》春大夫が演じるというので、今熊野社辺りで行われた勧進猿楽に出かけていったことを聞きつけ、「亡くなられた大納言典侍様（明応一〇年に七五歳で亡くなった広橋顕子）がいらっしゃった頃にはこんな勝手な真似はできなかったはずなのに。今は何でもこの調子、まったく嘆かわしいことだ」と書き付けている。

そんな実隆について、猿楽を見ながら、姉妹で「うちの旦那、猿楽に行くっていうとうるさいのよ」「昔からあんたの旦那そうよね」とかいろいろ言われていたであろう。

実隆の日記を披くと、奥方から不満を漏らされたことが一度ならず記されている。

永正五年五月二九日条に「そもそも青女申す子細あり、頗る興無きの儀なり」とある。「さて、奥方からいろいろと愚痴を言われた。大変不愉快である。」というくらいの意か。内容は不明であるが、たぶん経済的なことであろう。

永正三年八月にも次のような記事が見える。

一四日「今夜奥方から話があった。しかし、そんなこと言われてもどうしようもないことである」

二〇日「夜になってまた奥方からこっそり相談があった」

この時の結果はすぐに出ているので、話の内容は明確である。

二二日「秘蔵してきた源氏物語を、甲斐国の某が黄金五枚（千五百疋）で欲しいというので譲ることにした。手元に本がないと困るので、少々巻が欠けたものであるが一セット別に取り寄せてもらった。ともに玄清法師が仲介である」

「もう家にお金がないから何とかしてちょうだい」と妻から迫られた実隆氏、大事な源氏物語を売って捻出する破目になったのある。

源氏物語は、その講義も行なう実隆にとって商売道具のようなものであるが、背に腹は代えられないとはまさにこのことであろう。ただし、実隆が源氏物語を売り払ったのはこの時だけではない。前述の能登守護畠山義総へは永正一七年に二千疋で、肥後国の国人鹿子木親員には、享禄二（一五二九）年七月にやはり二千疋で譲っている。永正五年の時と比べると、価格は五百疋アップしており、実隆ブランドの価値は上がっていたというべきであろう。実隆の家にとって、困った時の源氏物語頼みであった訳で、源氏学者として有名だったというのも二重の意味が感じられ、なかなか言いえて妙といったら実隆に怒られそうであるが…。

三　忘れられないひと

少し世知辛い話だったので、もう少しロマンチックな実隆を紹介しよう。

文明九（一四七七）年正月九日の日記に、ある一人の女性の亡くなったことが記されている。「朝、聞いたことであるが、今日の未明、長橋局（勾当内侍）の官女小督が逝去したとのことである。四十二歳だったそうだ。彼女は昨年の十二月十三日に母の喪に服すために里に戻ったと聞いていたが、実はこの前の六日に女の子を出産したらしい。その子はすぐに亡くなってしまったそうで、とても難産だったらしい。その子は権大納言の庭田雅行との密通によって孕んだ子という。

この女房は、私が三歳か四歳の頃から我が家に仕えていたが、六歳の頃に父が亡くなったので、亡き母の斡旋で当時右衛門内侍と称していた今の勾当内侍に仕えることになったのである。以来一八年間の歳月が過ぎ去る中、無くてはならない存在となっていた彼女を失って、勾当内侍はひどくお嘆きになっているとのことである。私も日来とても親しく交流していたので、ひどくショックを受けた。この世に定かなものは何もないということはわかっていても、やはり悲しくてたまらない」

さらに実隆は、二八日の日記にも次のように記している。

「今日法華経の提婆品の巻を卒都婆の面《おもて》に書いた。これは亡くなった小督（法名を珪蓮、道号を玉峯という）の追善のためである。多年公務においても、そして近来は友としても親しくお付き合いしてきた、本当に忘れがたいひとなのである。だから私の気持ちをわずかながらでも表わすことができればと思ってのことである。」

この時、実隆二三歳、まだ若い。年末に参議となり公卿としてスタートする直前のことである。その彼が二〇歳近く年上の女性の死を悲しみ、その存在を忘れないように日記に書き記している。ただそれだけなのであるが、実隆の日記をずっと読み進めながら、この記事を改めて見てみると、ちょっと不思議な感じがする記事なのである。

まず、実隆のような末は大臣まで昇るような上級貴族の日記では、内裏の典侍や内侍といった幹部クラスの女房の名前は記しても、その下に仕える、ここで実隆が記すような官女と呼ばれる下級の女房たちのことを記すことはほとんどない。自分の家に仕える者たちのことは別にしても、そのクラスの女性の死をここまで詳しく、かつその菩提を弔ったことまで記した記事は、現存の実隆の日記には他に見当たらない。明らかにこの小督は実隆にとって特別な女性であったと思われる。

この女房とは、内裏の勾当内侍のオフィス以外でも交流があったと記すが、それは彼の日記が始まったばかりの文明六（一四七四）年正月六日条に「晩に及び長橋小督来る」と見える記事から始まり、以後、実隆の家の訪問、大体夜ばかりであるが、同様の記事が時折記されている。文明八年になってからは、目々《めめ》という別な官女と連れだって、やはり夜に数回訪れている。以後の実隆の日記でこのような官女クラスの女房が夜、家に訪れてくるなどという記事は見られない。この小督が亡くなった翌年には前述の勧修寺教秀の娘と結婚するので、実隆独身時代の最後の思い出と言っていいものかもしれない。

五年程前に母を亡くしているので、その面影を感じていた女性なのかもしれないし、実隆の乳母であってもおかしくない年齢の女性であるが、実隆の日記の筆致には何かそれ以上の思いを感じる。密通の末、四〇歳を超えた年齢でのお産で命を失うことになったと記す彼の心の中は、少年の頃に思い憧れた女性が、大人の世界の現実の中で運命を狂わせられていくことへの悔しさでいっぱい、というところではないだろうか。現代人よりずっと早く大人にならなければならない時代にあって、実隆は少しだけゆっくりと少年の時代への別れを告げたのかもしれない。

七〇歳を超えた実隆がこの日の記事を再び目にすることはあったと思う。日記を開いた孫の実世に尋ねられたことがあったかもしれない。

「お祖父様の日記に見えるこの小督という方はどのようなひとなのですか」

その時、実隆の心にどのような思いが去来したのか。

「お祖母様には内緒だけどね…」

そんな会話を想像するのも日記を読む楽しみではある。

四　夢を追って

第一章で日記に記される夢の記事のことに少し触れたが、以前この点について、平安時代中期からずっと中世末までの日記について調べてみて、一つ気づいたことがあった。大体、一二世紀から一三世紀あたりまでの日記、つまり院政期に記された『中右記』・『台記』、それに藤原兼実の『玉葉』などをピークに大量の夢の記事が記され、その後次第に減少傾向となる。特に中世後期になると数が減るばかりでなく、夢の記事といっても和歌や連歌関係、特に夢想連歌や法楽関係の記事ばかりになってしまうことである。中世後期の公家たちが夢を見なくなったわけではないだろうから（たしかに将来の「夢」は見ることができなくなってしまったが）、夢というものを日記に記さなければならないという意識が薄れた、言い換えれば日記における夢の価値が低下したと考えるべきではないかと考えている。なぜそうなっていくのかは、まだよくわからない点が多いが、日記を彼らが一応事実と認識したことを書き載せているものとするならば、夢はそのカテゴリーから脱落しつつあったと見なすことが可能なのかもしれない。この問題について一つのヒントを与えてくれるのが、この実隆の日記に対する姿勢である。

冒頭で触れたように、実隆は通常の日記以外に、『再昌草』と名付けた日次の歌集を作成しており、三六年分程が残されているが、その詞書が主に仮名で書かれていることを除けば、日記と見なせるもので、彼には二種類の日記が存在したと考えてよいように思われる。

この『再昌草』と日記とを、それらに記された夢の記事によって比較してみると、表3に示されるように、四〇数年分残存する彼の日記には五七の夢の記事を拾うことができるのに対し、三六年分ほど残る『再昌草』には、四四ほど拾うことができる。一見変わらないように見えるが、後者は日記のように毎日記事が掲載されている訳ではなく、自分で作歌したり、歌会や連歌会を催したり、内裏や諸家のそれらに出かけたりというような、和歌や連歌に関わる事柄があった日のみ記事がかかげられるため、一年分の記事数は格段に日記より少ない。それにも関わらず、総数においては日記の三分の二ほどに達しているということは、『再昌草』における夢の記事の比重が相当に大きいことを示している。つまり、実隆の場合、夢の記事は和歌や連歌の世界に含まれるものとして認識されていることを示すものと思われる。夢の内容が、和歌や連歌に関わらないことでも、その夢が覚めて何かしらの感慨を歌に託して表現することができた場合は、『再昌草』の方に記録され残される。『再昌草』の序の中で「吾家の二三子に、これをさつく（授く）」と記しており、日記とともに子孫に受け継いで欲しいという意志を示しており、文学の家でもある三条西家に「家」の日記を補うものとして意識されていたの

表3　実隆の日記（再昌草）に見える夢の記事

日記（57）	自分の夢	12
	他人の夢	45
再昌草（44）	自分の夢	14（日記と共通は2）
	他人の夢	30（同前4）

であろう。ただし、嫡子一人にとか男子のみとかの限定は付いていない。受け継ぐべきものは、公卿の家よりも対象は広く設定されているとみておくべきであろう。

日記と『再昌草』との関係が知られる具体的事例を一つ示しておこう。

日記の文亀二年一二月記の冒頭には「九月の下旬以来、病悩にて記録するあたわず、今月たまたまこれを記す」とあり、現存の日記でも九月一八日以降の日記が残されておらず一二月一日より再開されている。ところが『再昌草』ではこの間に記事があり、こちらの方はその日その日に記したものではないかもしれないが、日記のように空白期間とはなっていない。この時期は、たしかに『言国卿記』にも実隆の病気のことが見えており（一〇月二日条）、体調が悪かったことは確かであるが、九月二五日に行なわれた後土御門天皇の三回忌には伏見般舟三昧院まで出かけており、それも途中で泉涌寺に焼香のために立ち寄ってからの参仕であった。肉体的に日記の筆をとれないという程ではなく、むしろ精神的なものであった可能性が高い。実は、九月一六日に、和歌・連歌の師として敬愛し尊敬してきた宗祇が七月二九日に相模国で亡くなったという連絡を受け取ったのである。

これについて日記の方では、「驚歎、物に喩え取ることなし、周章比類無きものなり」と短く意外とあっさりしたものであるが、『再昌草』の同日条には次のように記されている。

「十六日、すきにし七月廿九日《晦日云々》、宗祇法師相模国湯もとゝいふ所《箱根山の麓也》にて身まかり侍りぬる、日比させるいたはりもなく、此国の守護代うへ田とかやか館にて、廿四日より千句の連歌ありて、廿六日にはて侍しかは、廿七日に彼所をたちて、湯もとの湯に入てあかり侍る所にて、いさゝかむしをわつらはしくて、なく成ぬるを、桃園といふ所にて、会下にて彼住持の禅師、天以と道号をつけられ侍るとなんはうふりぬるよし、玄清かたり侍し、とし月の名残今一たひ対面もなくて世をさりぬる、いふはかりなくあはれにて、よろつかきくれ侍しに、行二法師もとよりこの事中をくりて…」

歌人の行二（二階堂政行）から伝えられた宗祇の最後の様子を詳しく書き留めており、以後、九月二三日、二四日、二九日、一〇月二四日、一一月五日と宗祇追善のための経の読誦や作歌、さまざまな思い出に宗祇を偲ぶ歌を作り続けている。そして、一一月一〇日には宗祇の百ヶ日にあたるということで、所縁の人々に勧めて「法文の事」を詠んでもらい、その披講を行なって、実隆自らが読師を務めているのである。

まさに宗祇追悼のための日記と言ってよいほどで、その思いが歌に込められて記録されているのである。体調の悪さも精神的なものから来ていたと思われる。世俗のことを記録するためのモチベーションが低下し、宗祇のためだけに筆をとりたかったのではないだろうか。『再昌草』はそういうことのための場でもあったのである。

ただし、日記と『再昌草』とどちらに記すかの判断はそれほど明確なものではなかったようである。

永正三（一五〇六）年正月一七日条に次のような記事が記されている。

「今夜夢中、宗碩一緡を恵む、歌ありてこれに和して云はく、

いまはこの夜るの道をも行ぬへし　思もかけぬあしをもうけて

（中略）

六日歟、七日歟、夜又先日夢想思い出すに随ってこれを記す、

一枝ニ千代もそこもる姫小松　賀茂の社におひそめしより」

これは『再昌草』の方にあってよさそうな記事だがそちらにはない。ただし、『再昌草』の四月二四日のところにこの時の夢で得た歌に応えたという記事を載せている。

「今日賀茂の祭なり、過し正月夢想に、

一枝に千代もそこもる姫小松　賀茂の社におひそめしより

とみ侍しことをおもひて、此歌につきて法楽もすへき心さしなりしを、今にうちすきて、まつ思ひつゝけし、

姫小松千代をこめたることの葉に　行すゑたのむかものみつかき」

四月二四日の日記の方には、賀茂祭が行なわれ、参内して天皇に謁し、宴席に参加したことなど公的なことが記されるばかりである。夢において神仏と感応したことは、『再昌草』の方で記録するものと意識されていたのであろう。

大永八（一五二八）年二月一〇日の日記に次のような記事がある。

「そもそも帥《そち》春日祭に行事に参る、内々勅定の旨ありとうんぬん、夢想あるの間、先に且《かつがつ》領状申すとうんぬん」

実隆の子で権大納言兼大宰権帥である公条が春日祭の上卿を勤めることになった。内々天皇のご下命があったという。夢のお告げがあったので、ともかくもお引き受けすることにしたという、と言った意

味である。

そして、二月三〇日の日記には公条が奈良に向かったことが見え、翌三月一日の夜に滞りなく儀式を終えて戻ってきた記事が載せられている。

一方、『再昌草』の方には、二月三〇日には次のように記されている。

「二月晦日、春日祭列して、勅□の子細ありて公条卿歩行し侍る、さきたちて夢想の事ありしよし語申たりしに、はたしてかく参ぬる事神感とそおほえ侍し、暁かたおき出て、いかになとおもひやりて、思ひつゝけ侍し、

春日山千世にいく千世わか君の　ことしはしめの神のまつりは

（和歌三首略す）

見し夢の末もたかはて三笠山　まさしき神の恵をそしる

三月朔日夕つかた、思つゝけし

神まつる春日の山のやまかつら　ゆふかけてけふ帰るをそ待」

公条から夢のことを聞いていた実隆は、この春日祭への参行が藤原氏の氏神の神意であることに感動し、公条を見送りながら五首の歌を詠んで寿《ことほ》いでいる。

大永六年、後柏原天皇が崩御し悲しみに沈んだ都に、追い打ちをかけるように将軍義晴を擁する細川高国とそれに対立する柳本賢治らとの抗争が続き、都の人々は不安のどん底に落とされていた。ほとんどの朝儀ができない中で、やっと実現できた新帝最初の朝儀に、立派に一人前の公卿として育った息子

がその責任者として赴いていく。七四歳の老廷臣として胸に溢れるものがあったに違いない。そして朝廷の使いといっても、奈良までの往復の道程にいかなる危険が待ち受けているかわからない。日が沈むのを見ながら、息子の帰りを祈りながら待っているごく普通の老いた父の思いも歌となり記録されている。

日記の記事は淡白で、事実を素っ気なく記すだけに見えるが、このような記主の思いが背後に隠されているのである。実隆の場合のように、二つの日記でそれを私たちに示してくれる者はそういる訳ではない。日記の記事をここまで記主の思いを慮って読まなければならないと思うといささか気が重くなる。

コラム5　売りに出された日記

前章でも触れたように、戦国の世は、それ以前から窮乏に苦しんでいた公家たちを完全にノックアウトしたと言っても間違いない。実隆のように歌人・古典学者としてのブランドで何とか食いつなぐことができた者は稀である。近郊の荘園ですら年貢は期待できなくなり、摂関家のような大量の家領荘園を持っていた権門でも、例えば九条政基のように自ら領地に出向いて経営に関わらなければ、何も入ってこないのであった。

大臣を輩出した閑院流の名門洞院家の場合、権大納言兼左大将まで昇った公数は、応仁の大乱の最中の文明八（一四七六）年、ついに「家」をほっぽり出して出家。会社の倒産のようなもので、家領の伝領に関する文書の類はすでに、年貢が全く入らないただの紙切れ状態か、すでに借金の形に押さえられてしまっていたであろう。そして公家の「家」の資産の目玉は、代々伝わる日記の類である。特にこの洞院家に伝わる、五代前の祖で有識として知られた公賢の日記『園太暦』は優れた日記、いわゆる名記として有名であった。公数も最後まで手放さずにいたようであるが、ついに「家」の崩壊とともに市場に出さざるをえなかったのである。

ただ日記の場合、その価値がわかり、かつそれを利用できる者は限られている。いにしえの能書家が写した歌とか物語などの方が地方の武士たちも欲しがるから高値が付くが、日記の場合、歌人として高名な藤原定家の『明月記』のように、日記としてではなく、定家の筆跡として切り売りされるような場合を除き、購入者は限られてくる。そのような中でいち早くこの日記を入手したのは、村上源氏の名門で大臣まで昇れる家格の中院家の通秀で、『園太暦』百二十五巻の購入代金は千疋であった。文明一五年のことである。実隆本『源氏物語』の半額であるが、まあ、普通の人は源氏を買うであろう。中院通秀の場合、自らの家記をほとんど戦乱で失ってしまっており、その代わりになるものとして他家の日記を収集していたようである。通秀はこの日記を秘蔵することなく結構いろいろな人に見せたり写させたりしており、実隆の後見人であった甘露寺親長もまるごと借り出し写させてもらった口で、今日私たちが使っている『園太暦』のテキストは、原本がこの後失われてしまったため、親長がこの時ダイジェストした本が伝わったものなのである。

しかし、この中院家も他の公家と同じように次第に苦しくなり、文亀三（一五〇三）年には手放さなくてはならなくなった。それを、以前に中院家より借りて写させてもらっていた実隆が聞きつけ、自分に買い取る財力は前章でお話したようにまったくなかったので、内裏（後柏原天皇）に斡旋して、八〇〇疋で引き取ってもらうことに成功した。中院家としては値を下げての放出であったが、モノがモノだけにたやすく買い手がつくとは思われず、致し方ないところであろう。実隆も貴重な日記の散逸が回避できてひと安心であった。当時、実隆といい、親長・通秀といい、皆自家の蔵書の充実のためや家計の足しのためだけに、さまざまな典籍類を収集し書写していた訳ではない。戦火や不慮の火災で灰燼となり、疲弊する公家からこぼれ落ち消えていく王朝文化のエッセンスを何とか守ろうと一生懸命だったと思われる。すでに朝廷の年中行事も先例通り行なわれるものは稀なあり様であり、前代のように儀式・作法を記録しようにもそれ自体が存在しない時代、彼らは何故日記を記し続けたのか。先祖代々つけ続けているという伝統に、ただ無自覚に従っているだけではないように思える。失われていく記憶を補うかのように書き留め、栄光の時代からはるかに遠ざかってしまったが、それでもいまだ燃え尽きていない伝統の中に、一つの記憶として自らの存在を残したいという、そんな思いがこの時代に日記の筆をとる公家たちに生まれていたのではないだろうか。

第七章　言継さんの診察カルテ　―山科言継『言継卿記』―

一　戦国の落し子

実隆を伝統的な公家の代表とするならば、この時代に生まれてきたニュータイプの公家が、ここでお話する山科言継（一五〇七～七九）なる公家ではないだろうか。

この言継さん（以下こう呼ばせていただく）、とにかくフットワークの軽い人物である。日記を読んでいるといつも京の街中を走り回っている印象がある。実隆なども鞍馬や石山寺などの近郊の寺社にしばしば物詣でにも行くし、高野山にまで足を延ばしている。しかし、言継さんの場合、日記などから知られるだけでも生涯に数回、尾張や美濃、さらに駿河国まで足を延ばしている。他の公家たちのように都にいられなくなって、地方の大名などを頼って仕方なく下向した訳ではなく、朝廷の使者としてある種の外交交渉を託されて出かけていき、あちらこちらでいろいろな人々と出会い、連歌の席を共にし、酒や茶を飲み合い、おしゃべりしたり歌ったりして帰ってくるのである。

そのフットワークの軽さの一つに、彼の目線の低さも影響していると思われる。山科家は、その祖に後白河院の近臣として権中納言に昇った教成がいたが、それ以後は公卿に昇ることなく、低迷したまま鎌倉時代を送るも、南北朝時代の後半から室町時代にかけて活動した教言という人物が権中納言まで昇って公卿に返り咲き、かつ内蔵頭の職を世襲化して朝廷において重要なポジションを確保するようになるのも彼の時からである。山科家の家業である天皇の衣装を管掌する装束・衣紋の道や、雅楽の笙の演奏はこの教言の時代に確立されて子孫に相伝されていく。この家は、日記が数多く残されていることでも有名であるが、それもこの教言以降のことである。

言継さんもそのような家業・家芸を受け継いで、日記の中にもその方面での活動はしっかり見いだせるが、彼の場合、いつの間にか薬を調合して治療する町医者的な副業を身に付けているところがユニークである。それは灸や針などを行なう専門的な医者というわけではなかったが、脈を診て薬を処方し、自分では難しいレベルの患者は専門医にまかせるというやり方で、内裏の女房たちや在京の武家ばかりでなく、京の商人や職人たちもお得意さんにして、結構手広く商売していた。正二位権大納言とはいっても、財力から言ったら、すでに商人にも、金貸しを兼ねた坊主にも圧倒的に負けている。そんな中で言継さんはあまりめげることなく、たくましく生きていた。この点についてはまた後で述べよう。

言継さんの父言綱の烏帽子親は前述の実隆、言継さんはその子の公条になってもらっており、三条西家とも付き合いが深く、和歌も連歌も一人前に達者だったようである。廷臣として公事についてもさまざまな日記や儀式書を書写して勉強している記事が彼の日記に見えている。また彼は、朝廷の公卿・殿上人の人事管理に関心があったらしく、三位以上の公卿の官員録である『公卿補任』や四位・五位への叙位記録である『歴名土代』を書写し、また毎年適宜加筆訂正を行なって内裏や公家たちに提供していた。山科家伝来の『公卿補任』などは現行で使用されているテキストの底本の一つとして貴重なものである。他にも大臣や女院の一覧のようなものも作成し、諸家の系図も収集して校訂に努めていたようである。実隆たちがやっていたこととはまた別な形で王朝文化を守る担い手であったことは確かである。

言継さんは、堂上の楽家に生まれ、宮廷音楽（特に笙）のプロであったが、他の公家同様、同時代の芸能、猿楽や平家語りなども好きであった。さらに子どもの時から京の町の空気をいっぱいに吸って育った言継さん、町の人々が歌い踊るポピュラー音楽も大好きだったらしい。プロの音楽家としての腕前が周囲にも知れ渡っていたのであろう、町の人々から風流踊りの振り付けを頼まれ、練習の場に指導に出向いたり、踊りで使われる歌の歌詞を頼まれて作ったりしているほどである。作詞も踊りの振り付けもできて楽器も弾ける、おまけに衣装にくわしい、そのマルチな才能は、今だったら舞台やミュージカルの演出家として引く手あまたであったろう。

二　町のお医者さん

日記はもともと貴族（公家）たちが朝廷における職務について記すことを目的としていた。しかし、長い年月、私たちからすると気が遠くなるような長い年月、親子代々それをやっているうちに、社会そのものが大きく変化し、この日記という窓から見える風景も、そして彼らの住む家におけるその窓の役割も大きく変わっていくことになる。

言継さんとしては、先祖と違ったことをしているつもりはなかったのかもしれないし、彼の日記も一〇代で記し始めた頃は、実際それ程違わない。当初は、内裏への出仕や交流のある人々との和歌や連歌、そして家の職である衣文《いもん》や音楽関係の記事で占められている。実隆などと同様に、和歌や源氏物語、その他有職故実に関わるさまざまな典籍類などの書写関係の記事も散見する。だが、日記が連続的に残されていないので、いつの頃からかははっきりしないのだが、次第に薬や脈を取るなどの医療行為の記事が増えていき、彼の生活においてその方面の活動の比重が大きくなっていることに気づかされる。古代から時代を通じて日本の医学・医療の歴史を通観された服部敏良氏も、彼の日記が一種の診察日誌であり、日本最古のものの一つであると言われているがその通りであろう。ちなみに言継の若い頃に重なる時代に生きた、朝廷において医道を家業とする和気・丹波氏の系譜に属する医師半井保長も、『盲聾記』という日記を残している。永正一七（一五二〇）年の前半の半年分しか残っていないので断言できないが、たしかに医師の日記・メモではあるものの、診察日誌としては言継の日記の方がはるかにそれらしく感じられる。

この言継さんの医療や薬の問題については、米澤洋子氏の詳細な研究があり、とても参考になる。以下、それに導かれながら日記を紐解いてみよう。

山科家の場合、いつ頃、医薬の業に関わり始めたのか不明である。家祖ともいえる教言の日記に、多くの薬の名が登場すること、言継の祖父言国の日記にはその関係の記事はほとんど見えないが、その時代の山科家の家司の日記である『山科家礼記』には薬の製造記事が見えることが米澤氏によって明らかにされているものの、どれほど継承されていたかは今一つ不明である。言継の父言綱は医書の書写を行なっているので、ある程度携わっていたと見るべきであろうが、残念ながら言綱の日記は残されていないのではっきりしたことはわからない。

言継さんの日記で残されている最初の年、大永七（一五二七）年の日記には、一九歳の彼が父たちと近くの野原に黒薬の材料の薬草を採取に出かけている記事があり、「家」で薬の調合を行なっていたことが知られるが、薬の種類も少なく、この頃は山科家の医薬の業はあまり広く知られたものではなかったようである。この年、言継さんは、自家に伝わっていた脈を診るための手引書である『頓医鈔』を写し、それを甘露寺家に所蔵されているものと比校しており、医療に興味を持って勉強を始めていたことは確かである。

この頃の彼の医薬についての師匠は、富小路資直と大宮伊治で前者は六位の蔵人や摂関家などの家司を務める諸大夫層、後者は代々太政官の実務を預かる官務家の出身で、共に朝廷では低い身分であったが、前者の富小路資直などは、この時代の陰陽道や医道の諸家のように衰微する朝廷を下から支える存在として優遇され、三位の堂上の地位を得た人々の一人である。資直がいつ頃から医薬に携わったかは不明であるが、言継さんに対しては医書を貸し与えるばかりでなく、和歌の指導などもしてくれる親しい存在であった。彼の父言綱が享禄三（一五三〇）年、四五歳で急死した後、この資直が身近にいたことが、言継さんが家業ではない医薬の道を深めていくきっかけとなったのではないかと思う。

大宮伊治の出た官務家小槻氏も本来医薬との関わりはなかったはずであるが、この時代の公家たちの間には、生活の糧として医薬方面に進出した者たちが少なからずいたようで、言継さんは自身や家族の病気の際、伊治に診察や投薬を頼み、また伊治が薬を調合するところを見学したり、それについて質問したりしており、言継さんにとって医薬の師の一人だったことは確かである。

父の亡くなった享禄三年前後（言継二〇代前半）は、言継さんの日記が欠けており、天文元（一五三二）年以降、部分的ながらも日記が残されているが、この方面の習得の状況はあまり知られない。しかし、廷臣の見習いとして出仕しながら医薬の勉強を深めていたことは確かであろう。

そして、彼がまず有名になったのは薬の方面で、そのきっかけは、天文一三年の六月、麝香丸という腹病・虫気などに効く薬の製法を後奈良天皇に認められ、その後援のもと、麝香丸を製造、内裏の女房や摂関家、尼門跡などに配って山科家の薬が広く知られるようになったことにあるようである。言継さんの日記にも以後、彼に投薬を求める記事が急増し、彼も公家・武家・寺社などに機会を見つけては手広く配布し、その宣伝に努めた。当時の公家は前述したように経済的な理由などで地方下向を強いられるわけであるが、そのような彼らから旅先での病の備えに求められたり、また言継もこまめに餞別代りに持たせてやっているようである。そして公家の人々以外に、言継の住むご近所のさまざまな人々から診察や投薬をしばしば頼まれるようになり、その日記は俄然診察日誌の性格を帯びてくる。

近所の大工の母親や下女、同じ町に住む山伏の三才の娘、畳屋の主人に米屋の二歳の子、餅屋に酒屋、茶屋に桂女などなど、戦国の都に住む庶民たちが大勢、救いを求めて言継さんの診療室にやってきた。

ある日、柴売りの女が九歳の子のために薬を求めてきた。お腹が痛いと母親に訴えたのであろう、彼女は前々から言継さんの評判を耳にして、恐る恐る権中納言正二位の山科言継家の門をたたいたのである。言継さんは、母親から話を聞いた後、ならばこの薬がよかろうと秘薬調中散を二回分与えている（永禄九年九月三日条）。彼は患者には分け隔てなく接するのである。一〇〇年前だったらありえない光景なのか、この時代でも言継だけがそうなのか、私にはいまだよくわからない。

いつの時代もお医者さんが忙しいのは言うまでもない。特に腕のいいお医者ほどそうである。次は、天文二一年、言継さん四四歳の時のある一日の様子である。

六月一五日

「薄　以緒《すすきもちつぐ》（本書の次の章でも登場します）の紹介で、一昨日診察した餅屋四郎左衛門のための薬を調合した。独活寄生湯七包・愛洲薬廿一服、これを七日分として届けた。（私が）彼を診察したのは、禁裏御料山国荘の仕丁の家であったがその家の主人が礼にやってきたという。患者の親類だろうか。

庭田家から三歳の男子（重通）のお腹が下ったので、薬を求めてきた。香薷散を五服与えた。また冷泉為益（権中納言）から話があるので来て欲しいということなどで出かけていった。妻の体調が悪いということで診察を頼まれ、香薷散一包を処方した。

家に戻り、参蘇飲を調合した。

昨日の夕方霍乱のため香薷散を処方した速水安芸守が昨日の礼を言いに来たという。

中御門宣忠（権中納言）に仕える女房の小宰相の七才の男子がお腹をこわしたので薬が欲しいと

のこと。香薷散を三服届けてやった。」

のんびり席を温める暇がなかったのではないだろうか。

三　内裏の女房のホームドクター

言継さんの医薬関係のお得意さんとして、内裏の女房たちがいる。それはもともと山科家が内蔵頭の地位を世襲し、女房たちと接することが多かったことも関係しているが、その対象となる女房が典侍や内侍といった幹部クラスの女房ばかりでなく、内侍所や御末（台所）などに勤める下級の女房たちも多く含まれていることには、言継特有の事情があったように感じられる。

山科家は年始や機会をとらえて内裏の女房たちに薬を配っていたようであり、大永七年の六月二〇日には黒薬（百草黒焼）を大納言典侍・権大納言典侍・新大納言典侍・卿内侍・新内侍・伊与・御今参等、幹部の女房に持参するとともに、御末のあか丶・むめ・たと、それに勾当内侍の官女のあや丶・新内侍の官女いちゃ（伊茶）、内侍所の五い・あか・あ五、女嬬《にょじゅ》（内裏の下級女房の役職の一つ）、台所のひつ・かさ等の下級の女房たちにも配っており、天文六年正月二日にも同様のメンバーに配布している。毎年行なっているかどうかは、日記では確認できないが、天文一九年の場合、下級女房については、勾当内侍の官女右京大夫に匂（薫物と表記される品と同じものか）を一貝、あや丶・あ五丶にも同じだけ。内侍所のさいには墨一丁、五ゐには牛黄圓一貝、あこには薫物一貝、あかも同じ、女嬬には墨一丁、茶々こも同じもの、それに非司（内裏の下級女房の役職）の女には墨一丁を贈っているので、相手の好みに合わせた品物の選択がなされているのかもしれない。一貝とか二貝と表記される場合、薬などが貝殻を容器として提供されるのであろう。前述の麝香丸や牛玉《（黄）》圓、華撥圓などがそうで、何粒くらい入っているのかはよくわからない。

下級の女房といっても、たしかに身分は低いが、だからといって貧しいというわけではなさそうである。

例えば、内裏の神鏡を奉納してある内侍所に仕える五位《ごい》（五い・五ゐ）という女性は、天文一三年一一月に五痔保童圓という薬を七百粒まとめて購入してくれた上、翌月にもさらに八百粒購入してくれた。そして翌年二月には、三光丸という虫気に効く薬を二百粒、その翌月に再び五痔保童圓を七百粒、さらに四月に同じ薬を七百粒と購入しており、これは彼女の孫（徳夜叉）のためであるといい、その子は、高畠与三郎という者の息子であるという。この高畠与三郎は、管領細川晴元の被官として京の近郊に勢力を持った武士であるらしく、そのような人物を婿に迎えられるこの五位という女房は、かなり経済的に恵まれていたのではないだろうか。彼女は、言継に和歌を作って欲しいと依頼してきたり、歌書や草子の書写なども頼むことがあり、本人のためというよりは、彼女の婿や孫のためなのかもしれないが、それなりの教育も受けていたと思われる。言継さんにとっては結構なお得意さんの一人であった。

女房本人が病気の時も当然診察するが、その家族も大事な患者さんである。

天文一九年七月、治部大蔵丞という、室町幕府奉行人の一族かと思われる人物の息子で、春鶴という一四歳の少年が足を怪我して言継の治療を受けた。この子は内裏の伊与局に仕える官女五々の子であるという。前述の五位と同様、内裏の下級女房には身分のある武士の妻となっている女性が結構いたようなのである。しかし、この子はひと月程して具合が悪くなり（敗血症を発していたのであろうか）、再びその母が勤める伊与局のところで言継が診察し、一応の投薬を施したが、後は専門医の祐乗に任せたようである。しかし、残念ながらこの子は九月の半ばに亡くなってしまったという。

彼女たちは、さらに自分の知り合いなどを紹介してくる場合もあった。

天文一八年八月五日、台所の非司という職を勤める徳という下級の女房は、三歳の子どものお腹の調子が悪いと薬を求めてきた。その子は徳本人の子ではなく、西京に住む知り合いの子だったらしく、言継に処方してもらった薬が大変効き目があったと、その日のうちに追加で薬をもらいにきた。さらに翌日にも熱があるのでその薬を求めてきたし、九日にも代金の支払いを済ませるとともに、さらに熱のための薬を言継に調合してもらっている。

言継さんは、診療の記録を丹念に日記に残し、勉強家であったとともに、なかなかの商売上手ではなかったかと思う。前述の年始などに薬を贈り物として配るのも現代の化粧品などの試供品的なものだったかもしれないし、薬の調合も時に希望者を募って会員制のようにまとめて調合し提供しているようである。後のことであるが、家司に命じて、香薷散という薬の印を作らせており（永禄一〇年六月一四日条）、さらに薬の包みに封をする際に押す「緘」の字の印を作らせたりしており（永禄一二年六月六日条）、山科家提供の薬が結構売れていたことを示すものであろう。

言継さんは、内裏に出かけた際には、必ずと言ってよいほど、内侍所や台所などにも顔を出しているが、おしゃべりしながら女房たちの健康管理を行なっているようである。時にお酒を出されて途中で道草を食ってしまうことも往々であるが…。

そして診察だけでなく、いろいろなことを頼まれている。前述のように、内侍所の五位からは、和歌の作成や歌書などの書写を頼まれており、これも五位から頼まれたらしいのであるが、内侍所の女房たちに平家物語の全巻読み聞かせをやっている。テキストは勧修寺家などから借りてきて、途中ちょっと中断があるものの、天文二三年の二月から始めて五月二六日に最後の一二巻目を読み終えている。

言継さんの日記の特徴の一つは、このように内裏の下級の女房の活動が、その名前とともに大量に記されることである。前章の三条西実隆のところでも触れたが、前代以来の伝統的な公卿の日記では、典侍・内侍などの幹部クラスの女房の名前は記されることはあっても、彼女らに仕える官女の名や内侍所や台所などで働く下級の女房の名はほとんど記されないことが普通である。この特徴をもたらした要因の一つは彼の出自にあったようである。

言継さんの父言綱氏は、中級クラスの公家である中御門宣胤の娘を正妻として迎えたが、彼女との間に男子が得られなかったらしく、結果、妾であった「女孺」との間に生まれた言継さんを嫡子として立てざるをえなかったらしい。彼が幼い頃からその利発さを現わしていたことも理由の一つではあっただろうが、この女孺という、前述の台所で働く非司の徳などと同じクラスの女性が産んだ子が、堂上公家の跡取りとして選ばれるということはこの戦国時代でもそうあることではなかったのではないだろうか。

そして当時台所で働いていた阿茶という女房が、言継さんの外祖母の妹であったし、内裏の下級女房たちの中には自分の母方の親戚や母をよく知るその同僚たちが大勢勤めていたことであろう。言継の外祖母本人ではないようであるが、阿茶の姉にあたるという八四歳の老女が風邪を引いた時、言継さんは往診を頼まれ、脈を診て薬を処方している。彼にとっては、幼い時からかわいがってくれたおばさんたちへの恩返しといった気持だったかもしれない。彼の活動から感じる身分の垣根の低さとでもいったものは、経済的な窮迫などからくる卑屈なものではなく、生来のものであったろう。だからこそ京の街角の頼りになるホームドクターとなることができたのではないだろうか。

四　有名人たちとの出会い

古代・中世の日記を読んでいると、何気ない日常の記事の中でふと有名人と出会うことがあり、それも楽しみの一つでもある。

例えば、コラム5で紹介した南北朝時代の上級貴族である洞院公賢の日記『園太暦』には次のような記事がある。

「兼好法師が来た。和歌の数寄者である。簾の前に呼んで謁見した。」（貞和二年閏九月六日条）

公賢は歌人として名声が高かった兼好に初めて会ったのであろう。この二年後にも兼好は公賢の邸を訪れている。

「兼好法師がやってきた。高師直が年始の幕府の仕事始めの時に着用する狩衣以下のことについての相談のためである。今度は、前代の正慶の時の決まりを守るべきであろうと説明しておいた。」（貞和四年一二月二六日条）

『太平記』には、兼好が高師直が出すラブレターの代筆を頼まれる話が見えているが、兼好と師直が近い間柄であったことを示す記事としても興味深い。

もう一つ。当時摂政の地位にいた藤原兼実の『玉葉』の文治五（一一八九）年のある日の日記。

「わが家の年預に任じられた藤原長房が、着任の挨拶を兼ねて吉書を献じに参上した。夜になって左大弁に任じられた平基親が就任のあいさつにやってきた。今日は法然上人をお招きして、経典の内容や往生業についてお話をいただいた。」（文治五年八月一日条）

ご存知、浄土宗の開祖として有名な法然である。兼実は、この七日後にも法然を招いて戒を受け、念仏を修している。この頃から始まった法然との信仰における交流は、十六年の後の建仁二（一二〇二）年、法然を戒師として出家を遂げるまで昇華されていく。

兼好も法然も都の中での出会いであるが、フットワークの軽い言継さんの行動範囲は都の外にも及んでおり、そこで結構面白い出会いがあった。

彼は生涯にわたって、少なくとも五回以上、長い旅に出た。日記がすべて残っていたなら、もっと多いかもしれない。第一回目は、天文二（一五三三）年七月、二五歳の時、和歌・蹴鞠の師範飛鳥井雅綱（権中納言、四五歳）にくっついて尾張に下向し、同国南西部を押さえる織田信秀（信長の父）を訪れ、ひと月ほど滞在している。この時は、雅綱の地方巡業のお飾りのような存在であったが、雅綱が現地の有力武士たちを次々に和歌や蹴鞠の門弟としていくのを目の当たりにした。その都度、雅綱の懐には何がしかの金品が入っていく。地方武士たちが希求する王朝文化とは何かを、半ばあきれながら、半ばうらやましく垣間見ていたはずである。

次に、天文一三年五月には大坂の本願寺を訪ね、住吉社や天王寺に詣で、富裕を誇る貿易都市堺にも立ち寄っているが、一〇日ほどの短い旅であった。大坂・堺への旅は、永禄七（一五六四）年七月にも出かけており、この時はひと月ほど滞在している。

言継さんの旅の中で一番遠いのが、戦国大名今川氏の本拠地である駿河国府中へのそれである。彼の養母が今川義元の母の姉妹であり、天文二二（一五五三）年四月より今川氏を頼って下向しており、その母を見舞う旅であった。弘治二（一五五六）年九月一一日に京を発ち、二四日に府中に到着、一一月一九日に当時下向していた三条西実澄（実隆の孫、実世から改名）や中御門宣綱らと共に今川義元と対面しているが、その場で当座の和歌の会が催されたのは、王朝文化に造詣が深い義元らしい挨拶である。

言継さん、旅の行き帰りでも町のお医者さんぶりを発揮していた。例えば、行きに一行は、伊勢国北部の泥塚という所から舟で一気に伊勢湾を渡り、知多半島の沖、三河湾の入口にある「志々島」（篠島か）に着いているが、そこの宿の主人の娘が病気と聞き、薬を処方しているし、その主人の弟の下で働く水夫にも腹の薬を与えている。黙っていれば、医者だとはわからないはずであるが、言継さん、多分自分から話してしまい、それを聞きつけてやってくる患者たちを、気軽に診ていたようである。ま、世慣れた彼のこと、宿でのもてなしもグレードアップし、この先の道程の便宜もいろいろはかってもらえることを計算してのサービスなのかもしれない。

さて、言継さんが都に戻ってきた弘治三（一五五七）年の四月から五か月後の九月五日、後奈良天皇が崩御し、正親町天皇が践祚した。ところが、その翌年の諒闇明けに必要な新天皇の装束などの費用が不足し、伊勢国に在国中の北畠具教（権中納言の地位にあり正式な公家であるとともに、伊勢国司を名乗り、伊勢の戦国大名でもあった）に献金を依頼することになった。先に駿河に旅立つにあたって権中納言と兼任していた按察使の両官を辞していた言継さんは、永禄と年号が代わったこの年の七月、前官のまま大宰権帥に任ぜられているが、この任官とバーターでこの伊勢への使者を引き受けさせられたようである。公務といっても、旅費はほとんど自弁のようであり、向こうで取り返せる見込みはあったものの当座の費用を捻出するために西定坊という土倉から借金しての旅立ちであった。八月一三日に出発し、何とか三〇貫の献金を約束してもらってひと月後に帰京したが、朝廷もかなり人使いが荒いというべきであろう。面白いのは、この旅、伊勢国に行き、北畠氏の本拠地多気に滞在中、同行の大澤氏らはお伊勢参りに出かけているのに、言継さんは行かなかったようなのである。前述の駿河への旅の帰り道に参宮を果たしているので、今回は不要と考えたのだろうか。しかし、その時も日記にただ内宮と外宮に行ったと記すのみで何の感想も記していない。うっかりすると読み飛ばしてしまいそうなくらい素っ気ない記事である。京中ではあちらこちら物詣でに出かける言継さんであるが、当時大人気の伊勢神宮には、いま一つ関心がなさそうなのは、彼の信仰を知る上で興味深い。

天文二年の尾張への旅から三〇年以上、弘治二年の駿河への旅から一〇年以上経た永禄一二（一五六九）年、六一歳の言継さん、老体に鞭打って今度は三河国への旅へと出発する。またまた朝廷の経済的不如意のために、徳川家康に後奈良天皇の十三回忌の費用を提供してくれるよう交渉に遣わされたのであり、今回も正月に悲願の権大納言（山科家としては初めて）に任じてもらったことへのお礼奉公であったのであろう。

七月八日に都を発ち、美濃国に入り、まず岐阜を訪れる。三〇年以上前にもてなしを受けた織田信秀の子、そして駿河で共に和歌を詠じた今川義元を倒した信長に会うことになったのである。恐らく家康との交渉に口添えをもらうためであろう。一〇日に岐阜に入った言継さんのもと、翌日に信長からの使いが訪れ、三河に向かっているのは個人的な用事なのかそれとも内裏のお使いか、お尋ねして参れとのこと。そして、ご老体で山上の城まで登るのは大変だろうから麓の屋形でお会いしようという信長の言葉を伝えて帰っていった。遥か山の上に光っている天守閣を見上げながら、やれやれとほっとしたことであろう。ただし、この後、やっぱり登らされる破目になるのであるが。

以下、一二日の日記である。

お昼に武井夕庵（信長の右筆）から連絡があり、今、城からお下りになられるので麓で待つように、できれば途中でお迎えするように、との指示があり、慌てて用意して向かったところ、すでに通り過ぎてしまったとのこと。今日は面会は無理そうだから明日お出で下さいとのことで、一旦宿所に戻ったところ、またまた急いでお出で下さいとの連絡。夕庵のところによって一緒に屋形へ駆けつける。

すると信長、すぐに現れた。引出物を献上すると信長曰《いわ》く、

「卿がご下向されるとは、まったくもって驚きの次第です。お年を召されているし、この暑さ、それに家康はどうも駿河との国境の方に出ているようです。他にご用がないのなら、わざわざ三河くんだりまでお出かけなされる必要はありません。この信長がちょいと飛脚を送って話を付けますので、この岐阜でお待ちになったらいかがです。」

後で内々夕庵を通じて信長が言うには、家康が渋るならこの私が、一、二万疋献上致しますとのこと。やがて屋形から戻り、夕庵と木下藤吉郎にお礼と挨拶代わりに扇などを贈っておいた。

信長の上機嫌のもとに対面を終え、そればかりか朝廷への援助まで約束をとれた言継さん、内心大喝采であったろう。

三河からの返事を待って滞在していた言継さん、家康との交渉もうまく行きそうで、八月一日にひとまず信長のもとにお礼を申し上げに行った。たまたま信長は姑のところに挨拶に行くのだと出かけるところ。そのまま同道して訪問先の門前まで行き、そこで信長曰く、

「山上の城を見物なさってはいかがですか。よろしいでしょう。必ず夕方お出で下さいね。もう上洛される日も近いでしょうから、送別の宴を開いておもてなし致しましょう」

信長、二〇日ほど前に使いに言わせた言葉はもう忘れてしまっているらしい。

言継さんも腹をくくって、午後、七曲りの登山道をふうふう言いながら登っていった。やっとのことで城にたどりつくと、顔見知りの堺の商人たちも招かれており、まずは静かに音曲で迎えられ、やがて

この日も上機嫌の信長とともに晩餐に。その後、信長自ら、山上の権現社やらあちこち見どころを案内して回った。言継さんたち一行、その絶景に感動しながら、暗い中を下山し帰宅している。

この時の信長の感触に自信を持ったのだろうか、彼はこの年の一一月に再び岐阜を訪れ、取り次いでくれる者がいないにも関わらず、鷹狩りから戻ってきた信長を屋形の門前で待ち受けて対面を果たしている。その時、信長から私用なのか内裏の使いなのか聞かれ、どうどうと個人的な訴訟で参りましたと答え、話を聞いてもらっている。戦国に生きる公家のしたたかな一面を垣間見ることができよう。その日の夕方、信長から使いがあり、二千疋贈られた上、所領の件、今は無理だが来春上洛した時には何とかして差し上げよう、との言葉。またまた「やった！」である。

実は、言継さん、この二年後の元亀二（一五七二）年一二月、今度は朝廷の使いとして岐阜に下り、禁裏御料所の近江舟木荘が押領されている件について、何とかしてくれるよう交渉している。二八日に信長と対面を果たし、内裏から預かった綸旨と女房奉書を渡しているが、その日の日記は極めて事務的に淡々と記すのみである。その翌日の夜、明智光秀から「大変ですね」と声かけられ、二百疋贈られたことを思いがけないことだと記すばかりである。恐らくこの三か月前に信長は比叡山の焼き打ちを行なっており、朝廷の人々にも大きな衝撃を与えたことが影響しているのであろう。言継さんもその日の日記の中でショックを隠していない。信長の恐ろしさを骨の髄まで思い知らされた直後の信長への使いだったのである。

信長が光秀によって本能寺で自害に追い込まれるのは、この一〇年ほど後のこと、天正七（一五七九）

年三月二日に言継さんがこの世を去った三年後のことである。元亀二年の信長との対面の後、光秀から声をかけられたことが妙に意味深に感じるのは私だけであろうか。

第八章　天皇様を支えます!!
―戦国の禁裏女房たち『御湯殿上日記』―

一　後花園天皇の思いつき

いつの頃からなのか、彼女たちが日記を記し始めたのは。あの紫式部が女院のお産のことを記した日記があったような気がするが、式部は内裏の女房だったかしら。堀河天皇のことを記した讃岐典侍の日記はたしかに内裏の女房の日記だろうな。わが皇統の始祖後深草の帝の御代のこと記した弁内侍の日記、その御子の伏見の帝の御代の中務内侍の日記は、たしか内侍たちが記した日記であろう。では他には？

後花園天皇は、暗澹たる思いであったろう。

たしかに多くの女房たちが日記をつけてきたはずなのに、何故かまったくと言ってよいほど今に残されていないのだ。しかし、歴代の帝の日記も似たようなものではないか。我が国のいにしえの日記は、寛平の治を行なわれた宇多帝を嚆矢とするという。その日記もそれに続く醍醐・村上二代の日記も今はわずかな断片が残るばかり。あの寛弘の一条の帝も優れた日記を記されていたというが、今はほとんど目にすることができない。古代の日記は、後朱雀帝や後三条の帝の日記がわずかにまとまって残されているくらいだろうか。幸いわが皇統の日記は、後深草帝以来、まだ豊かに伏見宮家に伝えられており、弟貞常親王に命ずればいつでも見ることができるし、朕の養父後小松院の方の皇統の日記も残されている。それに実の父後崇光院様は大部の日記を残され、朕にもそれをご献上なされ、目を通すことができた。父の院は、まだ親王号をいただく前から丹念に日記を付けられ、母上や女房たちの出入り、宮家を訪れる者や廷臣、地下の者たちの動きまで詳しく記されていらっしゃる。朕の幼き頃のこともなつかしく思い出すことができ、とてもすばらしいものだ。できれば朕も父院のような日記を残しておきたいと思うが、それはただの宮でいらして、お暇のあった父院だからこそできたことで、帝位にある者にはなかなか無理なのかもしれない。

ならば、いかがしたらよかろうか。

そういえば、いにしえの内裏では、蔵人たちが交替で記す日記があったというし、武家や寺家の方では役に就いている者たちが輪番で記す日記があるというではないか。ならば、内裏に常に祇候している女房たちに交替で記させたらどうであろうか。廷臣たちで日記を付けている者は多いが、彼らは自家の日記を付けることで手一杯な上、内裏に日夜常駐している訳ではないので、大きな行事はともかく日常の出入りや物品の授受まで記すことはできまい。女房たちなら、特に勾当内侍のように内裏への廷臣や僧侶、女房たちの出入り、それにさまざまな費用のことや献上品などの出納にも通じているし、おまけに女房たちの中には文筆が達者なものも多いから、朕が記す日記を補うくらいの記録を日々残すことくらいはたやすいであろう。時折、朕も目を通し、女房たちの都合が悪い時は代わって筆を取ってもかまわない。これはなかなかよい考えかも。ひとまず大納言典侍か勾当内侍に相談してみよう。嫌がるかな。

まあ、そんな風にしてこの『御湯殿上日記』という、内裏の女房たちが交替で記す日記が始まったのではないか、と推測している。まさか後花園天皇も、この日記がその後四〇〇年も続くとは考えられていなかったであろうが。

二　大す、ほれて

この日記を維持していくために、相当に努力が必要であったようである。日記にはその日の記事を記した女房の名前などが記されていないので、内裏女房全員が記したのか、特定の女房が記したのかは不明である。ただ日記が、個性の感じられない、パターン化した表現で記されていくので、恐らく誰でも一応は記せるように記載方法のマニュアルが存在し、それに基づいて、一応女房たちは全員記録する義務があったように思われる。だから、新任の慣れない女房もいたはずで、その日に書くべきことを別な日付に書いてしまって、日記の紙面でそれをいちいち訂正する文言が見えるのもそのような事情から生じるのであろう。

「いは千代しこう《（祗候）》はけふなるを昨日かく《（書）》、うつ、なし、…」（長享二年六月二一日条）

訳してみると、「岩千代様がいらっしゃったのは今日のことでしたのに、昨日の日記のところに書いてしまいました。私ってばかね」という感じであろうか。どうも彼女たちは、毎日きちんと記していた訳ではなく、何日間かまとめて書くこともあったらしい。

後土御門天皇の時代には次のような記事が見える。

「ちおんゐんかまくらのくわうみやう寺はる〳〵のほりて、ちうちかうゑの事申入たきよ申さる﹅、しさいなきよしおほせられて、せん下の事もり光におほせらる﹅、御れゐにちをん院つれてまいらる﹅、御たいめんあり、…**このき十九日にかくを、大すほれていやかきをする、うつ﹅なし**」（明応四年四月二二日条）

訳してみると、

「知恩院から、鎌倉の光明寺の住職がはるばる上洛してきて、香衣着用を願い出ていると取り次いできた。問題ないとおっしゃられて、その宣下のことを守光（右中弁）にお命じになられた。そのお礼にと、知恩院がその住職を内裏に連れてきたので、御対面された。…**この記事は、十九日にすでに記されているのに、大す（だいすもじの略、大納言典侍のこと）がうっかりしてまた書いてしまった。困ったものだね。**」

知恩院が鎌倉の光明寺の住職を、という記事はたしかに四月一九日条に記されており、この記事は重複であるし、本来はここに書くべきでないのだろう。内裏女房の筆頭である大納言典侍に対して敬称の「殿」なども付けず、「大すほれて」とびしっと誤りを指摘できるのは、日記を担当する他の女房ではなく、この日記を何日おきかに目を通される後土御門天皇自身であったと考えられる。他にも長享二（一四八八）年正月四日条では、「大こくかたう千しゆ万さゐ申、うたゐまい色〳〵申」という記事が、その日の日記の後半にも、「大こくかたう千しゆ万さゐ申、うたゐまいなと色〳〵申」とほぼ同じように繰り返されている箇所に、傍注で「大すほれておなし事をかく、うつ、なし」と同様の指摘がなされている。『御湯殿上日記』では天皇も時折、女房たちに代わって筆を取っていた。書こうと思って前のところを読んでみたら、「あれ、違ってる」と思ってチェックを入れたのであろう。

大納言典侍は、広橋兼郷の娘顕子で、恐らく後土御門天皇即位の時から大納言典侍として内裏女房たちを取り仕切ってきた女性である。即位時、天皇二三歳、顕子三六歳であった。「大すほれて」と書かれてしまった長享二年の時は、顕子六〇歳、明応四（一四九五）年には六七歳、たしかにそろそろお年を召して書き誤りも目についてきた頃なのであろう。ただ天皇はその誤りを咎めているのでは決してなく、長年頼りにしてきた顕子だからこそ、半分からかって日記に書き付けておいたのではないだろうか。

明応七年四月三日条には次のような記事が見えている。

「ことなる事なし、なかはしへ別てんになる、**れゐのほうけものうつゝなくかく、**しけ〳〵となりてめてたし〳〵」

（今日は別に書くことなし。長橋局へ別殿行幸が行われる。**いつものおバカさんがまたうっかり書いてしまったのよ。**度々お成りになられて光栄なことです）

これは、大納言典侍がまた天皇に指摘されてしまうと思って、先手を打ったのであろう。何ともほほえましいやり取りである。

顕子は、天皇が明応九年九月二八日に五九歳で崩御された翌年の二月三日、七三歳で後を追うように亡くなっている。

三　困窮する朝廷

戦国期に入ると、朝廷を経済的に支えていた幕府も政変や分裂を繰り返す中、朝廷のことなど手が回らなくなり、その衰微は決定的なものとなった。前述したように地方の所領荘園どころか京都近郊の領地すら年貢が滞るようになり、京の治安の不安定さは、座などの本所として収入を何とか維持していた公家をも困窮させることになっていく。所領に自ら乗り込んで経営を立て直そうとするバイタリティある人々もいたが、大方はなすすべもなく都落ちして、娘の嫁入り先などの縁を頼って遠い田舎の大名や国人たちの居候として生きていくしかなかったのである。

このような公家たちの困窮は、すでに第五章の『看聞日記』の貞成親王の時代、応永・永享期から目立ち始めていた。

例えば、権大納言中院通守は、春日祭の上卿を命じられ、困窮のため辞退しても許されなかったので、ついに追いつめられて小刀で喉を掻き切って自害してしまったという（『看聞日記』応永二五年三月八日条）。また、公家たちをいくつかのグループに分けて交替で内裏に出仕させる小番を編成して、公家たちに出仕を奨励したところ、昼間出仕しようにも着ていくものがなかったので夜陰に紛れて出仕をしていたのに、今さら昼間に出仕をするように命じられても無理と辞退者が多く出ているとのことだったた（『薩戒記』応永三三年九月二八日条）。廷臣の中には困窮のため家を売り払ってしまい、京に住めずに郊外に転居したり、今でいうシェアハウスのような形で暮らしている者も多かったようである（『看聞日記』永享三年四月一九日、同六年七月四日条、『親長卿記』文正元年五月二〇日条など）。それが応仁の乱以後は日常化し、公家のトップの摂関家の諸家まで同様の状況になってしまう。

内裏の財政も戦国期に入ると大変であったようである。その基盤である禁裏御料所の保護などは幕府としても意にかけるところであったろうが、戦国期に入ると将軍や管領までもが京都を追い払われたり、将軍が二人も現れるなど分裂状態に陥ると、朝廷の面倒などとても見ていられない状況になっていた。

内裏に勤める女房たちにも御料所が宛がわれていたが、そこからの収入も滞りがちであったようである。その分を実家で補わなければならず、それに堪えうる家でなければ、娘を内裏に出仕させることは困難であった。

『御湯殿上日記』を開いてみると、女房たちは常に御所にさまざまなモノを献上しており、それは天皇に披露され賞翫されるとともに、各局に配られたものと思われる。それは、「てうし（銚子）」や「たる（樽）」などと表現される酒以外に、「まき（粽のこと）」や「あかのく御（赤飯のこと）」、それに「かちん」「やわやわ」などと表記される各種の餅、「かゆ（粥）」や「てんかく（田楽）」「すもし（鮨のこと）」「まん（饅頭）」などの日常的な食べ物、「きんとん（金団）」や「やうかん（羊羹）」「あめ（飴）」などのお菓子の類、「かき（柿）」や「うり（瓜）」「くり（栗）」「みつかん（蜜柑）」といった季節の果物などが年中行事に際してだけではなく、日常的に献上されている。時に、「くゝゐ（鵠）」や「あをのもし（青海苔）」「くゝ（土筆）」「まつ（松茸）」「みる（海松）」「くしらのあらまき（鯨の荒巻）」「たぬき（狸）」「あこ（飛魚）」なども献上され、天皇や女房たちの食膳を彩ったと思われる。梅・花（桜）・菊・橘などの「枝」と称されるもの、「かいたう（海棠）」「わうしゆく（鶯宿梅）」・「けいとうけ（鶏頭花）」・樒《しきみ》・「すいせん（水仙）」などの花々も季節ごとに献じられる。

女房たちは各自これらを入手して献上するわけであるが、例えば、次のお話に登場する二人の内侍が在任していた天文一二（一五四三）年のそれらの回数を『御湯殿上日記』から一覧してみると表4のようになる。他の年でもそうであるが、女房たちの中心的役割を果たす典侍の筆頭大納言典侍と内侍の筆頭勾当内侍が回数的に他を圧倒しており、彼女たちの局には、時折別殿行幸という名で方違を兼ねて天皇が訪れ、その際には参仕した公卿や女房たちをさまざまにもてなすことになり、表にはそれも加えてある。その多くは義務という訳ではなかったであろうが、手元不如意で出せない時などは、やはり恥ずかしい思いをしなければならなかったのではないだろうか。

この頃の『御湯殿上日記』を開くと、天皇の健康などを祈願するために、鞍馬や清荒神《きよしこうじん》に女房や廷臣が代参することが課せられていたことが知られ、そこから戻ってきた際には、また私的に物詣でに行ってきた時にも、お土産を配らなければならなかった。織豊時代に娘を内侍として出仕させた西洞院時慶の日記（『時慶卿記』）を見ると、時に娘に代わって時慶たちが参詣しており、代参の代参が行われていたことが知られる。藤原定家のところでも触れたが、彼女たちの衣装の準備も実家にかかってくることはこの時代も変わらなかったようであるから、実家の苦労は並大抵のものではなかった。日記に並ぶ彼女たちの献上物などを見ていると、その行間から親たちのため息が聞こえてくるのである。

表４　『御湯殿上日記』天文12年記に見える女房たちの献上

職名	女房名	正月	二月	三月	四月	五月	六月	七月	八月	九月	十月	十一月	十二月	計
上臈	上臈（三条公頼女）												1	1
典侍	大納言（勧修寺尚子）	4	4	3	5	6	4	3	4	2	1	3	1	40
	新大納言（水無瀬具子）	1	2	4	5	1	1	2	2	1	4	1	1	25
	権大納言（広橋国子）	1	1	2	3	1	5	2	6	1	2	1	0	25
	新典侍（勧修寺尹子）												1	1
内侍	勾当内侍（藤原量子）	1	6	10	5	7	6	6	3	4	5	4	2	59
	新内侍（菅原好子）	0	0	0	0	0	0	0	1	0	0	0	1	2
命婦他	伊与（和気就子）	1	2	3	1	0	3	2	2	0	4	0	2	20
	今参（和気就子妹）						1	0	0	0	0	0	0	1
計		8	15	22	19	15	20	15	18	8	16	9	9	174

四　姉と妹、二人で内侍

この頃、ある諸大夫の家に息子が一人と娘が三人いた。

息子は六位の蔵人になり、三人の娘のうち長姉の大君は出家して尼となり、次女の中君は内裏の女房として出仕して播磨内侍と呼ばれ、帝に寵愛されて間もなく懐妊し、姫宮を産んだ。もう一人の末娘三君は、出家して大君の弟子になることも、中君のもとで宮仕えすることも拒み、なぜか男装して兄と同じ蔵人となり、新蔵人と呼ばれた。

男装の麗人新蔵人は帝にたいそう寵愛され、常に伺候しているうちに正体が知られてしまうが、そのままもの珍しく思われてますます寵愛される。やがて新蔵人は懐妊して実家に戻り若宮を産むが、その子は姉の内侍が産んだことにして取り繕い、再び出仕してますます帝の寵愛を受けるが、男子を産んだことで驕慢な態度が目立つようになり、しだいに帝の愛も冷めてしまう。

それを感じた新蔵人は、今度は尼となっていた長姉の弟子になることを決意し、若宮のことを内侍である姉（実際生母として振る舞っていたが）に託して、内裏を出て出家してしまう。梅ヶ畑の庵で仏道に励む新蔵人を、帝は姉の内侍を通して様子をうかがわせるがその思いが堅いことを知り、感じ入られて後世で再び共にしようという思いを伝えられた。

後に座主の宮の弟子となった若宮は、朝夕念仏してついに立派に往生を遂げ、新蔵人と長姉の尼は共

図７　『新蔵人物語』下巻第13段（大阪市立美術館蔵）

に仏道修行に励み、その成就によって両親も姉の内侍もみな一つ蓮《はちす》に迎えられたと語り伝えられている。

　これは室町物語の一つ『新蔵人物語』のあらすじである。男として内裏に出仕した女の子が、天皇に寵愛され、懐妊し皇子を出産するというなかなか不思議な、ちょっと倒錯した感じのストーリーで、あまり当時の室町物語に見られない設定であり、また何故、大臣とか高貴な姫君とかが主人公ではなく、内侍や六位の蔵人といった、庶民には馴染みのない、そんなに物語世界で憬れられるとは思われない地位にいた内裏のメンバーが主人公なのか、これも室町物語としてはイレギュラーな感じがする。さらに「小絵」と呼ばれる小型の絵巻物として作成され、その絵の部分には、物語には登場しない人物（特に内裏の他の女房たち）大勢描かれ、ストーリーとは関係のないおしゃべりが画中詞に交わされる。

　例えば、大納言典侍の詞として（図７）、

「帝はいかがしたものでしょう。新蔵人が添い臥していらして、
泣いたり笑ったりする声が聞こえてくるわ。不思議なことね。」

それに対する新内侍、

「いつまでこんなおかしな関係が続くのかしら。不快よ。」

さらに少将内侍、

「これが他の女房だったら、絶対に許さない。まだお相手が男だから、私、がまんできる。」

こんな調子で続くのである。まさに現代のマンガに近いものと感じられるが、この辺り、この作品の作成者も享受者もかなり限定された世界に住む人々であったことが推測され、ストーリーに関係のない人物の中にこっそり作者も紛れ込んでいるような気がするのである。結論的に言えば、内裏の女房たち、それも内裏では中級クラスの内侍に憧れを感じるもう少し下の女房たちが想定されるのであるが、それについてはまた後で述べよう。

さて、この物語を読んだ時、どうもどこかに似たような話があったな、と思って集めた史料を読み返してみると、後奈良天皇の時代の『御湯殿上日記』や『言継卿記』に次のような事実が見つかった。天文二（一五三三）年一一月二〇日、薄（橘）以緒という下級の公家の娘が内侍として出仕することになった。薄家は娘を内侍に出せる家柄ではなかったので、当時従三位の位にあった高倉永家という中級クラスの公家の猶子として出仕させ、新内侍（高倉量子）と名乗った。永家の叔母継子は、前代の後柏原天皇の代から後奈良天皇の大永七（一五二七）年にかけて勾当内侍を勤めており、その家系からは多くの内侍を出している。

前述したように当時の朝廷は、公家たちの窮乏により内裏の女房を出仕させえる家が少なくなり、慢性的な人手不足に陥っていた。特に天文元年、冷泉為孝の娘で新内侍として出仕していた女房が経済的な理由で辞めてしまった時、やはり前代から内侍を勤めており、すでに五〇代になっていた勾当内侍（姉小路済子）だけになってしまったのである。そこで背に腹は代えられず、家柄の問題は高倉家の猶子にすることでクリアし、やっともう一人確保したのであった。しかし、状況は打開されていない。常に女房全員が内裏に勤務している訳ではなく、さまざまな事情で役を果たせない場合も多かった。特に天文五年、後奈良天皇の即位式が近づいてくる中でさまざま行事をこなしていかなければならず、事態は切迫していた。

二月一二日の神事に際しては、新内侍は実家に戻っており、伊与局も軽服でやはり里下がりしており不在というあり様、よっぽど困ったのであろう、日記には「皆さま一五日の御拝の後に戻ってみえた。本当によかったよかった」と本音が記されている。そして切羽詰まった内裏の面々は、一三日に新内侍の妹を五条《ごじょう》（菅原）為学《ためざね》の猶子として出仕させる。要は即位式という一大イベントを見習いまで加えて何とか乗り切ろうという訳である。

二月二六日に即位式は無事終了。この時は、三種の神器の内の剣を持って従う剣の内侍には勾当内侍が、璽の内侍の方は新内侍が担当している。この二人の内侍の外は、見習いの子がいるばかり。ただでさえ一代一度の大事な儀式、それをぎりぎりのスタッフで乗り切らなければならなかったのであるから、女房たちさぞかし緊張したことであろう。

さて、新たに採用された新内侍の妹、五条好子は、しばらくは試用期間中を示すめめ《(目々)》内侍という名で呼ばれ出仕を続けていた。新たに内侍が採用されるまでの応急措置のつもりだったらしいが、内裏ではあちらこちらに声をかけてみたものの結局応ずる者が現れず、天文一一年二月一八日、無理を承知でこの好子の実家の薄家に対し彼女を正式な内侍として出仕させるように要請した。その日の日記である。

「内侍様は、（勾当内侍以外には）高倉量子様一人しかいらっしゃらず、公務に差し支えがあるので、あちらこちらにお声を掛けられたのだけれども応ずる者なく、結局、高倉量子様の妹（五条好子）を正式に内侍として参仕させるようにと、ご実家の薄家に何度もお話になられた。しかし、薄家の方では、さすがに二人も内侍を出すなどというのはたまったものではございませんとなかなか応じない。しかし帝が是非とも参仕させてもらわねば困るとまでおっしゃられてついに内侍として出仕することになった」

二人の内侍を出さなければならないその経済的な負担を考えると、薄家側の困惑もよくわかるが、内裏側ももう後がないという状況であった。薄家側の負担には何らかの条件交渉があったものと推測される。結果、翌二月一九日、妹の目々内侍は正式の内侍として新内侍と呼ばれることになり、元の新内侍（量子）は藤内侍と呼ばれることになった。

ここに姉妹の内侍が誕生した訳であるが、この二人にもういくつか事実を付け加えると、冒頭の『新蔵人物語』によく似た状況になるのである。

一つは、姉高倉量子は、時期ははっきりしないが少なくとも天文一〇年以前、つまり妹が正式に内侍として出仕する以前に後奈良天皇の皇女（後に安禅寺に入室）を出産していることである。この点は物語の姉の内侍と同じ設定である。

二つ目は、彼女たちの実家薄家は、まさに六位蔵人を出す家であり、物語の姉妹の実家と同じ家格と言ってよいことである。そして物語では兄であったが、この内侍たちの場合は父薄以緒が、姉の方が出仕した時に六位蔵人だった。以緒は、内侍を二人出すという朝廷への貢献などが評価されたのであろう、後にこの一流としては破格の従三位に叙され、公卿の末席に連なることを許され、さらに亡くなる直前には参議に任じられている。これも破格である。

妹の正式出仕の翌年の天文一二年三月七日、勾当内侍（姉小路済子）が六一歳で亡くなっており、その後任が姉の高倉量子であった。そして以後の後奈良天皇の時代を通じて内侍はこの二人だけしかいなかったようである。内裏にとって掛け値なく無くてはならない姉妹だった。

ところで、この小型の絵巻物「小絵」として作成された『新蔵人物語』の一本は大阪市立美術館に所蔵されているが、それが納められていた箱の蓋には「後柏原院内侍御筆、絵草紙全弐巻」と墨書きされ、また添えられた極め札には「後柏原院卿内侍」の筆であると記されているそうである。この後柏原院の卿内侍というのは、先の姉小路済子が勾当内侍に任ぜられる以前の女房名である。あくまで伝承であるが、この『新蔵人物語』には、単なる本の書写だけなのか、それとも制作に関わるレベルのものなのかは不明であるが、姉小路済子の手が何らかの形で関わっているということになる。

ここからは想像である。

中世後期の内裏の女房では、自分の地位の後継者として姪を出仕させ、叔母と姪が同時に典侍なら典侍にと在籍することはしばしば見かけるが、この薄家の姉妹のように近い年齢の姉妹が同時に在籍するということはほとんど見かけない。この事態は前述したように、窮迫した内裏に起きたイレギュラーな状態と見てよいものであるが、姉妹が並んで出仕するようになり、かつ内侍がこの二人だけという状況は、イレギュラーであっても内裏の後宮という停滞した社会に新たな新風が、一瞬かも知れないが吹いたことは確かなことではないだろうか。

この二人に対し、どのようなきっかけで白羽の矢が立ったのかは不明であるが、この二人の採用に際し、その決定に当時の勾当内侍姉小路済子が関わったことは間違いない。そしてこの二人を教育しながら見守ってきたのも彼女なのであろう。ちなみに彼女たちの母親ではないかもしれないが、薄以緒の妻阿茶は、内裏の台所に勤務する下級の女房であり、前章で紹介した言継さんととても親しい間柄であった。阿茶の姉妹の一人が言継さんの母方の祖母にあたるらしいのである。二人の内侍の年齢は不明であるが、姉が出仕した天文二年に一四、五歳とすると言継さんより一〇歳くらい年下の親類ということになり、たぶん彼もこの姉妹を幼い時からよく知っていたはずである。勾当内侍のところにも、台所や内侍所などの下級の女房のところにも頻繁に出入りしていた言継さんの口添えもあったものと考えられる。

この姉と妹は、結構対照的な性格だったのではないだろうか。しっかり者で真面目な姉と、勝ち気で元気な妹というところだろうか。この二人を近くで見ていた文筆の才能のある誰か、恐らく女房の一人が手すさびに二人を主人公に物語を作ってみようと考えたのかもしれない。内裏の上級公家の娘たちから見れば、彼女たちを成り上がり物と差別する意識が強くあったと思われるが、彼女の実家に連なる下級の女房たちから見れば、やはり同輩の女性から生まれ、公卿の家を継いだ言継さん同様、一つのサクセス・ストーリーであったことはこれまた確かなことである。内裏の周辺の小さな世界の中での夢物語として成り立つわけであり、例えば物語の中で新蔵人から生まれた皇子が、門跡寺院に入室するという設定で、帝となって即位したというような話になっていないのも、この社会の中で現実をよく知る者が筆を取った可能性を示していると思われる。

そのような想像をふくらませていくと、先ほどの後柏原院卿内侍＝勾当内侍姉小路済子は、単なる書写者とは言えないような気がしてくるのである。

姉小路済子も二人の内侍の姉妹、高倉量子も五条好子も『御湯殿上日記』の筆を取っていたはずである。日記は、その日の出来事や物のやり取りなどが淡々と記されるばかりで、天皇家の家計簿に少し毛が生えた程度と言っても過言ではないが、その筆を取った女房たちの中には、日記や室町物語と同じように名前のわからない文化の担い手たちが大勢いたように思われるのである。

参考文献

（第一章）
戸田芳実『中右記　躍動する院政時代の群像』（そしえて、一九七九）
松薗斉『王朝日記論』（法政大学出版局、二〇〇六）
松薗斉「日記の記主と「老い」―藤原宗忠を中心に―」（『日本歴史』七七六、二〇一三）

（第二章）
橋本義彦『藤原頼長』（吉川弘文館、一九六四）
三橋順子「『台記』に見る藤原頼長にセクシュアリティの再検討」（倉本一宏編『日記・古記録の世界』思文閣出版、二〇一五）

（第三章）
石田吉貞『藤原定家の研究』（文雅堂、一九五七）
土谷恵「『明月記』（建仁二年八月）を読む　五　定家妻の母の尼公」『明月記研究』一、一九九六）
松薗斉「中世の女房と日記」（『明月記研究』九、二〇〇四）
松薗斉『王朝日記論』（法政大学出版局、二〇〇六）
渡邊裕美子「健御前とその周辺」（『明月記研究』一三、二〇一二）
田渕久美子「民部卿典侍因子伝記考―『明月記』を中心に―」（『明月記研究』一四、二〇一六）

（第四章）
尾上陽介「『民経記』と暦記・日次記」（五味文彦編『日記に中世を読む』吉川弘文館、一九九八）
尾上陽介『中世の日記の世界』（山川出版社、二〇〇三）

（第五章）
横井清『室町時代の一皇族の生涯』（講談社学術文庫、二〇〇二、初出一九七九）
松薗斉「『看聞日記』―ある宮様のサクセスストーリー」（元木泰雄・松薗斉編『日記で読む日本中世史』、ミネルヴァ書房、二〇一一）
松薗斉『中世禁裏女房の研究』（思文閣出版、二〇一八）第七章・第八章

（コラム４）
桐山裕紀「中世における情報と社会　―『看聞日記』を中心に―」（愛知学院大学文学部歴史学科平成二七年度卒業論文）
田代圭一「『看聞日記』に関する書誌学的考察」（『書陵部紀要』六一、二〇一〇）

（第六章）
後藤みち子『中世公家の家と女性』（吉川弘文館、二〇〇二）
末柄豊「『実隆公記』と文書」（五味文彦編『日記に中世を読む』吉川弘文館、一九九八）
芳賀幸四郎『三条西実隆』（吉川弘文館、一九六〇）
松薗斉「日記に見える夢の記事の構造」（荒木浩編『夢みる日本文化のパラダイム』法蔵館、二〇一五）

（第七章）

服部敏良『室町安土桃山時代医学史の研究』（吉川弘文館、一九七一）
今谷　明『言継卿記　―公家社会と町衆文化の接点―』（そしえて社、一九八〇）
米澤洋子「室町・戦国期の医療と「家業」の形成―「三位法眼家傳秘方」をめぐって」（京都橘大学女性歴史文化研究所編『医療の社会史―生・老・病・死』思文閣出版、二〇一三）
清水克行「『言継卿記』―庶民派貴族の視点」（元木泰雄・松薗斉編『日記で読む中世史』ミネルヴァ書房、二〇一一）

（第八章）

阿部泰郎監修・江口啓子・鹿谷祐子・玉田沙織編『室町時代の少女革命『新蔵人』絵巻の世界』（笠間書院、二〇一四）
井上真生「『御湯殿上日記』の基礎的研究　―執筆方法・執筆者について―」（『神戸大学国文論叢』三七、二〇〇七）
松薗斉『中世禁裏女房の研究』（思文閣出版、二〇一八）第五章・第六章

あとがき

この本を、あとがきから読まれる方々のために、各章の担当者たちから一言。
「いやいや、隠していた失敗談がばれてしまいましたなあ」（宗忠）
「余のことを、ジキルとハイドだと。まったくけしからん。あとがきだけ読む者はもっとけしからん」（頼長）
「姉様たちには、世話にもなったけど、最後まで頭が上がらんかったなあ」（定家）
「ぼ、ぼく、いま幸せです」（経光）
「実は私の日記、たまに妻が代筆しておりましてな」（貞成）
「渡る世間、鬼ばかりではございませぬ。でも鬼より怖いのは…」（実隆）
「山科医院へようこそ。患者様第一をモットーとしております」（言継）
「妹が男装して踊ったりするから、こんな物語ができてしまって」（姉の内侍）

皆さん、ありがとうございました。なぜ彼らがこのようなことを言うのかは、本文の中でお確かめください。

それにしても、日本の古代・中世の貴族たちは、聖・俗を問わず、男も女も本当によく物を書く人たちである。ここで扱った日記に限らず、和歌・漢詩はいうまでもなく、物語・歴史などなど書いて書いて書きまくっていることは周知の如くであり、何百年後に生れ出た我々が何とか食っていけるのも、彼らが残してくれたもののおかげです、はい。

フィレンツェを中心とした中世イタリアの商人たちも、地中海を越えて幅広く商売するなかで、金儲けばかりでなく、覚書（*libro di ricordanze* などと呼ばれる）や日記、都市年代記などを大量に書き残しており、そのような商人たちをベックというフランスの歴史家は「物書き商人（*Mercanti scrittori*）」と名づけたが、日本の場合は、貴族たちがまさに「物書き貴族（*Nobili scrittori*）」とでも呼んでいい存在であったと思う。古代・中世の文筆活動が、王候貴族などの支配階級に担われるというのはどの国でも共通しているのだろうが、日本の場合、度が過ぎている印象がある。火災が起きた時に、金銀財宝ではなく、まず日記を運び出そうとした貴族というものが、他の国にいただろうか。

本書に見てきたように、火災や戦火、そして困窮の中で失われても、彼らは日記を書き続けたのである。それは何故なのかは、文化史上の一つの課題としてよいと思われる。

日記というものは不思議なもので、一定以上書き続けられると、どんなに淡々とした事務的な記録であっても、その書き手（記主）の性格が滲み出てくるように思われる。本書でも引用した平安末期の貴族平信範の日記『兵範記』は、中間管理層の、現場で活躍する実務家の日記らしく、さらにこのクラスの人々の日記は主家より儀式の報告や資料として提出を命ぜられることが多いこともあって、上級貴族のそれらに比べ、感想や人物批判などを排した事務的な記録となっているが、それでも丹念に読んでいくと、そういう一見事務的な記述の行間に彼の思いを垣間見ることができるのである。当時、摂関家においても第二章で扱った頼長と当時家長であったその父大殿忠実の一派と、忠実失脚後その跡を継ぎ摂関家を支えてきた忠通（忠実の長子）との間には、後の保元の乱につながっていく微妙な対立が生じつつあった。信範は、代々この摂関家を支える執事長のような家柄であったが、忠通とその長子基実に親近して仕えていた。そのため忠実らに対する厳しい目がその儀式の記録の中の所々に織り込まれており、感じ取ることができる。面白くない日記などないのかもしれない。

本書の題名「日記に魅入られた人々」を目にされた時、何をイメージされたであろうか。普通に考えれば、ここに取り上げた八つの日記の記主たち、彼らは日記を記し続けるうちに、日記に魅入られてしまい、いつしか筆を擱く機会を失い、大部な面白い日記を書いてしまい、そこからその人間性まで歴史学の対象となってしまった人々を指すと見てよいだろう（藤原宗忠は、出家という機会に日記の筆を擱くという理性をまだ持っていたから、副題の如く「人生を仕上げた男」だったのである）。

もう一つ、読む側にも日記に魅入られた人々が大勢いるということも付け加えておこう。日記の持つ魅力（魔力?!）にとり憑かれて、そこに溢れる漢字（仮名もあります）の海に溺れかけている人々である。何よりこの「日記で読む日本史」シリーズの執筆者たちであり、古代・中世の研究者の中にはもっと憑かれた人々が大勢いる。

そういうお前こそ。

おっしゃる通りである。

二〇一六年一二月九日　猫洞通《ねこがほらどおり》の、とある珈琲店にて

松薗　斉

追伸　本書をなすにあたって臨川書店編集部の西之原一貴・藤井彩乃両氏に大変ご面倒をおかけするとともに、日記に魅入られてしまっていないか、若干憂慮しているところである。それにしても感謝。

松薗　斉（まつぞの　ひとし）

1958年東京都生。九州大学文学研究科博士後期課程満期終了退学、博士（文学）。愛知学院大学文学部教授。日本古代・中世史。『日記の家―中世国家の記録組織』吉川弘文館、1997年。『王朝日記論』法政大学出版局、2006年。『日記で読む日本中世史』（共編著）ミネルヴァ書房、2011年。『中世禁裏女房の研究』思文閣出版、2018年。

日記で読む日本史 13

日記に魅入られた人々
王朝貴族と中世公家

二〇一七年四月三十日　初版発行
二〇二〇年四月三十日　第二刷発行

著者　松薗　斉
発行者　片岡　敦
印刷 製本　亜細亜印刷株式会社

606-8204 京都市左京区田中下柳町八番地
発行所　株式会社 臨川書店
電話 (〇七五) 七二一―七一一一
郵便振替 〇一〇七〇―二―八〇〇

落丁本・乱丁本はお取替えいたします
定価はカバーに表示してあります

ISBN 978-4-653-04353-9　C0321

〔ISBN 978-4-653-04340-9　C0321　セット〕